자유의 철학

GA 4

이것은 루돌프 슈타이너가 직접 승인한 최초의 유일한 영문 번역본이다. 공동 번역자인 알프레드 호넬 교수와 그의 아내는 뛰어난 자격으로 선정되었다. 1916년 첫 발행본은, 1894년 독일어 원본(*Die Philosophie der Freiheit*)에 기초한다. 다른 번역본들은 1918년 독일어 개정판에 기초한다. 이것은 1918년 개정본에서는 삭제된 개인성(個人性, individualism)에 관한 영감을 주는 구절들을 포함한다: "우리는 더는 우리가 집단적으로 따르기 위해 고군분투해야 할 인간 삶의 표준에 매달리지 않는다. 개인의 개성으로부터 발생한 것이 아니면 어떤 것도 유효한 것으로 받아들여지지 않는다. 우리 모두가 올림푸스 신을 열망했던 영웅의 발자취를 따라야만 한다는 속담은 더 이상 우리에게 해당하지 않는다. 우리는 우리 존재의 근원을 깊이 탐구하기만 한다면 각자의 안에 고귀하고 계발할 만한 어떤 가치가 있다고 확신한다."

과학적 방법으로 개발된 삶에 관한 근대 철학

자유의
철학

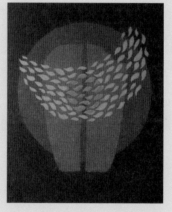

The Philosophy of Freedom

루돌프 슈타이너 지음 / 박규헌 · 황윤영 옮김

수신제

지구의 기둥

4000년 전 고대에, 영국의 스톤헨지 같은 곳에 거대한 돌들이 세워졌다. 이것들은 태양, 달, 별들의 움직임에 맞춰 정렬되었다. 이 지구의 기둥들은 지구의 생명과 우주의 활동을 연결시키는 방식으로 만들어졌다.

루돌프 슈타이너는 이 고대에 대해 말하면서, 그때 돌들이 해의 '한낮의 빛'을 막았지만, 그 영적인 빛이 뚫고 들어와 선현(先賢)들에게 드러나게 되었다고 한다.

이 기억이 내 마음속에 떠올랐다.
또, '한밤의 해'라는 생각도.

이 그림은 적절한 디자인을 만들려는 시도이지 상징은 아니다.

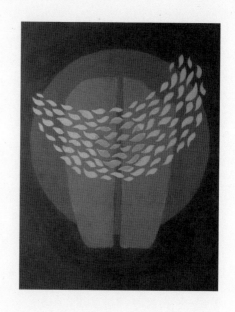

한편, 우리는 그 사이에 틈이 있는 두 개의 '지구의 기둥'을 볼 수 있다. 이 간격은 기둥 만큼이나 의미심장하다. 그것은 창조적인 공간이다.

기둥은 서로 다르다. 꼭대기에서 하나는 볼록하고 다른 하나는 오목하다. 마치 음양, 남성-여성, 좌뇌-우뇌와 같은 많은 대립, 중요한 창조적 극성을 미묘하게 암시한다.

비행, 날개의 형태, 흐름과 이동. 영혼은 창문이 되고, 그 창문으로 영혼이 빛난다. 영혼의 창을 통해 영혼이 침투할 수 있다. 그 덧없는 순간을 통해, 그것은 언제나 존재하는 현재, 영원한 빛이다.

개념과 지각이 연결되었다. 사고와 직관이 일치한다. 영(靈)이 지구의 형태를 만난다. 그들은 명료해진다. 우리는 지구의 기둥을 꿰뚫어 본다. 인간의 사고를 통해 우주와 지구는 새로운 연결 방법을 찾는다. 개별자와 보편자는 다시 하나가 되기 위해 노력한다.

인간은 자기 행위의 궁극적 결정자

자유의 철학은 루돌프 슈타이너의 출세작(出世作)입니다. 슈타이너는 100년을 이어온 세계적 교육운동인 발도르프 교육의 창시자로 널리 알려져 있습니다. 그러나 그는 교육뿐 아니라 천문을 이용한 유기농법인 생명역동농업, 서구 자연의학이라 할 수 있는 인지의료의 창시자이기도 하고 칸딘스키를 비롯한 현대 많은 예술가에게도 영감을 준 르네상스형 인물이었습니다. 슈타이너가 현대 사상가 중에서 보기 드물게 다방면의 종합적 영향을 줄 수 있었던 이유는 그가 창시한 사상으로 일컬어지는 인지학(Anthroposophy)의 성격 때문입니다.

슈타이너는 『자유의 철학』에서 당대 여러 철학 사조들을 성공적으로 극복합니다. 그는 괴테의 일원적 세계관과 니체의 니힐리즘 비판을 계승하며 칸트를 비롯해 모든 이원적 이성중심주의를 철저하게 비판했습니다.(그가 두 사상가를 계승했음은 『자유의 철학』 출간 이후 니체와 괴테의 유고집 정리 작업을 수년간 했고 니체에 대해서는『자유의 투사 니체(*Fighter for Freedom Nietzsche*)』(1895년), 괴테에 대해서는 여러 논문과 책을 남기지만 대표적으로『괴테의 세계관(*Goethes anschauung*)』(1897년)에서 잘 밝히고 있습니다. 뉴턴, 칸트, 쇼펜하우어가 '이원론적 이성중심주의'적인 현대 철학의 주류를 이루었다면 그 맞은편에 괴테, 니체, 슈타이너로 이어지는 '유기일원적 세계관'의 흐름이 있었다는 사실이 이 책 이해의 배경으로 중요합니다.) 그 흐름 위에서 자신의 고유한 사상 세계를 구축한 슈타이너의『자유의 철학』은 최소한 다음 두 가지 점에서 현대 사상사에 기념비적인 의미가 있습니다.

첫째, 슈타이너는 이 책을 통해 근대 철학이 스스로 설정한 여러 한계를 뛰어넘었습니다. 칸트는 인간의 인식이 감각 경험에 기초한 직관과 이를 이어받은 개념으로 이루어진다는 근본 성격 때문에 물질세계의 '물자체'는 알 가능성이 없다고 단정했습니다. 인류사에 보편가치로 여겨졌던 진/선/미 중 진리 인식의 가능성을 부정한 것입니다. 그에게 진리에 가까운 최선의 앎은 개념에 의해 보편성이 부여되고 실천이성에 의해 사회적으로 합의된 '도덕 법칙'일 뿐입니다. 도덕 법칙과 '숭고'한 미의식이 진리에 대한 불가지론의 대체재이자 위안이라는 것이 그의 결론이었습니다.

슈타이너는 이에 대해 근본적인 비판을 가합니다. 그는 이미 괴테가 행했던 것처럼 '감각지각'이 앎의 출발점임을 '관찰'과 '사고'의 작용으로 논증합니다. 나와 세계, 주체와 대상의 이원적 분리 자체가 오류임을 밝힘으로써 진리 인식 가능성을 되살립니다. 그리하여 이 책을 통해 인간의 인식에 한계가 없음을 선언합니다.

한편 또 다른 거인, 쇼펜하우어는 칸트의 도덕 법칙을 '눈먼 의지'의 산물일 뿐이라 비판했지만 그 '의지'를 초월적 실재로 둠으로써 진과 선(도덕 법칙)마저 부정하는 염세주의를 주장했습니다. 그러나 슈타이너는 '유기적 일원론'의 관점에서 사고가 의지를 파악할 뿐 아니라 자유로운 창조의 동력으로 삼을 수 있음을 논증합니다.

슈타이너는 위의 두 거인들 외에도 19세기를 수놓은 수많은 사상가들이 유물론, 유심론을 막론하고 이원론적 부당 전제에 갇혀 있음을 밝혔습니다. 동시에 이원론뿐 아니라 기존 형태의 일원론의 무력함도 함께 밝히며, 이 모든 자유를 포기하게 만드는 사상들에 맞서 현대 철학과 과학의 성과를 포함하며 넘어설 수 있는 '유기적 일원론'의 시각을 분명하게 제시합니다. 그는 '자유'가 감성적 바람이 아니라 인간 의식 발달의 정점에서 얻어지는 통합적 사고의 필연적 결과임을 증명함으로써 현실적인 '자유로운 개인'의 상을 정립합니다. 제도나 체제, 모든 초월적 실재들을 뒤로하고 인간이 만들어가는 자유의 가능성을 제시함으로써 이성의 자기 굴레를 넘어선 의식 성장의 장을 연 것입니다.

둘째, '자유로운 개인' 상의 정립은 향후 발도르프 교육뿐 아니라 예술, 의료, 농사, 사회운동 등 전 분야에 걸쳐 적용되는 원대한 일원론적 세계관인 인지학의 기초가 되었습니다. 그는 의지, 감성, 사고라는 인간 내면의 작용을 자연 및 우주의 법칙들과 연결함으로써 나와 세계, 신성과 실재의 분리를 걷어낼 수 있는 내용적 기초를 제공했습니다. 그럼으로써 역사적 뒤안길에 묻혔던 유기적 일원론의 세계관적 진면목을 진화한 모습으로 살려냅니다. 한편으로는 신비주의나 종교적 해석의 손에서, 다른 한편으로 유물론 혹은 관념론적 실재론의 공격에서 일원론적 관점을 살려내어, 특정 부분에 한정된 이론이나 지식이 아니라 인간과 세계를 보는 새로운 눈이라는 차원으로 격상시킵니다. 이 점에서 마치 니체를 '망치를 든 철학자'이자 '철학을 파괴한 철학자'로 평가하듯, 슈타이너는 니체의 성과를 더 멀리 발전시켜 이원론적 분리, 분석이라는 사고의 고질병을 혁파하고 지성 너머의 영성을 합리적으로 이해할 수 있는 길을 연 '영혼의 철학자'라 부를 수 있습니다. 슈타이너는 종교와 과학, 철학이 자유를 향한 인간 진화의 길에서 통합적으로 이해되는 문을 연 것입니다.

한국에 이 책이 처음 소개된 것은 2007년도였습니다.(밝은누리, 최혜경 역) 2002년도에 한국 첫 발도르프 학교가 세워졌으니 실천운동보다 이론의 소개가 늦었던 셈입니다. 더구나 『자유의 철학』이 교육에서 가장 중요한 인간관을 선언한 책이고 발도르프 교육철학의 근본 개념인 의지, 감성, 사고를 비롯해 수많은 개념 정의를 포함하고 있음을 감안하면 당시에도 많은 이들이 학수고대하고 있었던 책임이 분명합니다. 그러나 출간 후 십수 년이 흘렀음에도 슈타이너의 인지학을 공부하는 모든 이들이 여전히 내용 이해에 어려움을 호소하는 작품이기도 합니다. 여기에는 책이 갖는 특유의 깊이가 큰 원인이겠지만 그 못지않게 현실적인 수용 문화의 미비함도 있었습니다.

모든 사상의 대가들이 그러하듯 슈타이너 역시 기존의 개념에 자신만의 의미 확장을 추가하여 자기 사상 안에서 맥락적으로 정의된 개념을 사용하고 있습니다. 이 책에서는 직관, 지각, 표상, 개인, 자아, 의지, 감성, 사고 등의 기초 개념들이 모두 일반적이고 통념적으로 이해되는 방식과 거리가 멀게 쓰이고 있습니다. 먼 훗날 이국의 독자들을 위한 상세한 설명이 누락된 채, 고유한 방식으로 사용된 개념에 대해서는 불가피하게 그 맥락적 의미를 설명하는 주석이 필요합니다. 새 번역은 이러한 요구를 담아내려 노력하였습니다. 또, 번역에서 늘 문제가 되는 용어의 혼란을 최소화하도록, 주요 개념에 대해서는 특정 번역 용어 채택의 근거를 밝히고자 노력했습니다.

그리하여 우리는 『자유의 철학』이 좀 더 정확하고 쉽게 이해될 수 있는 책으로 거듭나, 발도르프 교육, 나아가 인지학적 세계관이 우리 사회에 건강한 자극을 주는 문화운동으로 역할하는 데 작은 기여가 되기를 바랍니다.

『자유의 철학』 영역본 초판과 재판의 차이에 대해서는 위재호 선생님이 글을 실어주셨습니다. 이 책의 주석은 역자를 대표하여 박규현이 작성했습니다. 그 내용의 미비점이 있다면 이는 일체 주석자의 책임입니다.

이 책은 많은 분들의 선의의 기여로 만들어졌습니다. 책의 표지를 그려주신 마틴 하디먼 선생님은 발도르프 교사로서 한평생을 공헌하셨습니다. 또한, 영국 에머슨 칼리지 학장으로 한 세대 동안 한국을 비롯해 국제적 발도르프 교사 양성에 기여하신 분입니다. 마틴 선생님의 영감 넘치는 디자인이 이 책의 의미를 직관적으로 느낄 수 있게 해주신 점, 지면을 빌려 감사를 전합니다. 또, 책이 만들어지기까지 기획과 진행의 궂은일을 도맡아 해주신 양평의 유재연 선생님에게 깊은 감사를 드립니다. 최종 원고를 일일이 읽고 교정과 주석에 의견을 주신 김운태(서울 월천초), 위재호(서울 정수초) 선생님 고맙습니다. 무엇보다도 이 책이 나올 수 있었던 현실적인 계기와 토대가 되었던 양평자유발도르프의 모든 학생과 학부모님들에게 더할 수 없는 감사를 드립니다. 마지막으로 긴 시간 보이지 않게 돕고 기다려준 역자의 가족들에게 진심 어린 감사를 드립니다.

어떤 어려움에도 꺾이지 않고 '자연과 인간이 함께할 온살림'의 정신으로 교육에 헌신하시는 모든 분들에게 특별히 감사의 말씀을 전하며 이 책을 바칩니다.

슈타이너는 이 책의 핵심을 첫 장과 끝 장에서 밝히고 있습니다.

"인간은 주인으로서 관념을 대해야 한다. 관념의 노예가 되어서는 안 된다."(1장)

"인간은 자기 행위의 궁극적 결정자다. 인간은 자유롭다."(16장)

2020년 7월 25일.

아름다운 양평자유발도르프에서 역자를 대표하여 박규현 씀.

초판과 재판의 차이

이 번역의 판본인 영역 초판은 알프레드 호넬(R. F. Alfred Hoernlé) 부부에 의해 출간됩니다. 1916년에 번역되어 나왔는데 독일어 초판인 1894년 판을 기초로 번역되었고 위 두 번역자는 슈타이너가 유일하게 공인한 사람이었다는 소개가 맨 처음 나옵니다. 그리고 그 이후 영역본들은 슈타이너가 1918년 이후 개정한 판본을 영역하고 있다고 밝히고 있습니다.

그런데 첫 번역은 초판본을 기반으로 번역하여서 이후 재판본을 기반으로 한 번역과는 다른 점이 크게 두 가지입니다. 첫 번째로, 1894년 독어 초판본과 영역 초판본에는 개인주의에 관한 생각을 밝힌 1장이 있다는 점입니다. 슈타이너는 1918년 재판본에서 이 부분을 통째로 없앱니다. 그래서 다른 영역본들은 초판본에서의 2장이 1장으로 시작합니다. 영역본만 설명해보면,

The Philosophy of Freedom

A Modern Philosophy of Life Developed by Scientific Methods

Translated by Prof. and Mrs. R. F. Alfred Hoernlé

이 책은

I. THE GOAL OF KNOWLEDGE이고

II. CONSCIOUS HUMAN ACTION입니다.

다른 영역본 중 하나인 마이클 윌슨(Michael Wilson)이 번역한 책에는

The Philosophy of Freedom

The Basis for a Modern World Conception을 제목으로 하고 있고

이 책의 1장은 Chapter One Conscious Human Action입니다.(첫 영역본의 2장)

　　두 번째로 큰 차이점은 독어 초판과 1918년 재판본은 기본적인 내용은 같으나 슈타이너의 1918년 재판본에서 새로운 주석들이 첨가되었습니다. 1918년 재판본에서 슈타이너가 주석으로 첨부한 내용들이 일관되게 사고를 사고하기 위해서, 투명하게 관조할 것을 강조하면서 영의 관점에서 어떤 의미가 있는지 지속적으로 밝히고 있습니다. 그런 연장선상에서 9장의 내용은 초반에 대대적인 수정이 있었던 것으로 보입니다.(초판본은 10장)

9장의 차이점입니다. 장의 시작은 같은 내용으로 출발하는데 첫 문단 마지막 줄부터 내용이 미세하게 달라지고 두 번째 문단부터는 완전히 달라집니다. 영역 초판본은 두 번째 문단에서 다섯 번째 문단까지 "의지"에서 지각과 개념의 관계를 다루고 있습니다. 1918년 이후 판을 기초로 한 다른 영역본들은 "의지"에서의 관계를 바로 말하는 것이 아니라 "인식" 혹은 "앎" 안에서의 지각과 개념의 관계와 과정에 대해 더욱 상세히 다룹니다. 그러면서 인간의 신체적 조직은 실제 사고에 영향을 미치지 못하지만, 인간의 신체적 조직에 기반한 "자아 의식"에 의해 의지 행위가 흘러나온다고 말합니다. 그러면서 의지 행위가 인간적 조직에서 어떻게 생성되는지 관찰할 때 사고와 의식적 자아와 의지 행위 간의 관계에 대한 통찰을 얻을 수 있다고 말합니다. 이 내용은 두 번째 문단에서부터 여섯 번째 문단까지입니다. 이후 내용은 미세하게 다른 면이 조금씩 있으나 전체적으로 볼 때 대동소이하게 느껴집니다.

의지의 경우는 다르다. 한 개인으로서 내 존재의 내용은 지각이지만, 반면 그 개념은 내 안의 보편적 요소다. 개념을 통해 외부 세계에 대한 관념적 관계로 들어온 어떤 것은 자신의 즉각적 경험, 내 자아의 지각이다. 더 정확히 말해서, 외부 세계에 영향을 주고 활동 중인 것은 내 자아의 지각이다. 내 의지 행위를 이해하고자 나는 개념과 그에 부합하는 지각, 즉 특정 자유 의지(volition)를 연결한다. 달리 말해 사고 행위를 통해 나는 내 개인적 능력(내 의지)과 보편적 세계-과정을 연결한다. 경험의 영역에 나타난 외부 지각에 부합하는 개념의 내용은 직관을 통해 주어진다. 직관은 내 전체 개념 체계 내용의 원천이다. 지각은 주어진 상황에 있어 내 직관의 총합 중 어떤 개념을 적용해야 하는지만 보여준다. 개념의 내용은 분명 지각으로 조건 지어지지만, 지각이 만들어내지는 않는다. 반대로 그것은 직관적으로 주어지고 사고 행위를 통해 지각에 연결된다. 이 행위를 통해 추론할 수 없는 의지 행위의 개념적 내용에서도 마찬가지다. 그것은 직관으로 주어진다.

만약 내 의지 행위의 개념적 직관(관념적 내용)이 그에 부합하는 지각보다 앞서 일어난다면, 내가 행위하는 것의 내용은 내 관념으로 정해진다. 내가 여러 선택 가능한 직관 중 특정 직관을 택한 이유는 지각한 대상에서 찾을 수 없고 순전히 관념적인 내 개념 체계 속에 있는 것들 간의 상호 의존성에서만 찾을 수 있다. 다시 말해, 내 의지의 결정 요소는 지각이 아닌 개념의 세계에서만 찾아진다. 내 의지는 내 관념이 결정한다.

외부 세계에 부합하는 개념 체계는 그 외부 세계에 의해 조건 지어진다. 우리는 지각 그 자체로부터 어떤 개념이 그것에 상응하는지를 결정해야 한다. 그리고 어떻게 이 개념이 나의 나머지 관념 체계와 어울릴지는 직관적 내용에 달려 있다. 따라서 지각은 자신의 개념을 직접적으로 조건 짓고 그럼으로써 내 세계의 개념 체계 안에 자기 자리를 간접적으로 조건 짓는다. 그러나 개념 체계에서 도출되고 의지 행위에 앞서 일어나는 의지 행위의 관념적 내용은 사고 체계 자체에서만 결정된다.

이 관념상의 내용으로만 정해지는 의지 행위 자체는 반드시 관념으로써, 즉 하나의 관념으로 정해진다고 이해해야 한다. 물론 모든 의지 행위가 오로지 관념으로만 결정된다는 뜻은 아니다. 인간 개인을 결정하는 모든 요소는 그의 의지에 영향을 끼친다.

우리의 인식에서 나무라는 개념은 나무의 지각에 의해 조건 지어진다. 특정 지각을 마주할 때, 나는 일반적 개념 체계에서 오직 하나의 특정 개념만을 고른다. 개념과 지각의 연결은 간접적·객관적으로 지각의 수준에서 사고에 의해 정해진다. 이러한 지각과 개념의 연결은 지각 행위 후 인식되지만 이 두 가지는 사물의 본질 안에서 서로에게 속한다.

앎에 관해 혹은 앎에서 일어나는 인간과 세계의 관계에 대해 조사해보면 그 과정은 달라 보인다. 앞 장에서 편견 없는 관찰로 이 관계의 본질을 밝힐 수 있음을 보이고자 시도했다. 이 관찰에 대한 제대로 된 이해는 사고가 스스로 충족된 전체임을 바로 알아차리게 한다. 어떤 이는 우리가 관찰하는 사고가 의식적 사고의 이면에서 물리적 뇌 과정이나 무의식의 영적 과정 같은 것을 불러일으킨다고 설명할 필요를 느끼는데, 이런 사람들은 편견 없는 사고가 만들어내는 것을 인식하지 못한다. 우리가 사고를 관찰하는 동안 우리는 직접 존재의 자립적이고 영적인 망 안에 사는 것이다. 실제로 우리에게 가장 직접적인 형태로 나타나는 영의 본질을 이해한다면, 우리는 오직 사고의 자립적 활동만 연구하면 되는 것이라 말할 수 있다.

우리가 사고 자체에 대해 숙고하면 평상시 늘 분리되어 나타나는 것들, 즉 개념과 지각이 서로 일치한다. 이를 보지 못하는 경우, 지각과 관련해 우리가 이해하려 애쓴 개념은 그림자 같은 지각의 복제물로만 여겨질 것이고, 지각은 실제 현실을 보여주는 것으로 여길 것이다. 나아가 우리는 형이상학적 세계를 지각된 세상의 양식에 따라 지어나가고, 이 세계를 원자계, 의지계, 무의식적 영 혹은 다른 어떤 것으로 각자 머릿속 상상에 따라 호칭할 것이다. 그리고 우리가 각자 지각 세계의 양식에 따라 형이상학적 세계를 가상으로 만들고 있다는 것을 깨닫지 못할 것이다. 사고 안에 있는 것이 무엇인지 깨닫는다면, 우리의 지각에는 오직 현실의 한 조각만 있을 뿐 거기 속한 또 다른 부분, 현실에 속하며 현실이 완전히 드러나게 하는 다른 부분은 사고를 통해 스며드는 지각으로 우리에게 경험된다는 것을 알게 된다. 우리 의식에 사고로 나타나는 이 요소가 그림자 같은 실재의 복제물이 아니고 자존하는 영적 본질임을 알게 된다. 우리는 이로써 사고란, 직관을 통해 우리 의식에 유입되는 것이라 말할 수 있다. 직관은 온전히 영 안에서, 순수한 영적 내용의 의식적 경험이다. 사고의 본질은 오직 직관으로만 포착된다.

오직 편견 없는 관찰이라는 수단으로 사고의 직관적 본질에 대한 진실을 인지해낸 사람만이 인간의 정신-물리적 유기체에 관한 통찰의 길을 열 수 있다. 그런 사람은 인간 유기체가 사고의 본질적 특성에 어떤 영향도 미치지 못함을 안다. 언뜻 생각하기에 이것은 명백해 보이는 사실과 모순되게 보인다. 일상 경험에서 사고는 인간 유기체와 연결 아래, 그것을 통해서만 나타나는 것처럼 여겨진다. 이러한 형태는 겉으로 매우 도드라지기 때문에, 우리가 유기체는 사고의 본질에 전혀 관여할 수 없음을 깨닫지 못하면 이것의 진정한 중요성은 결코 파악되지 못한다. 이를 깨닫고 나면 우리는 인간 유기체와 사고 자체 사이에 존재하는 독특한 관계에 주목하지 않을 수 없다. 왜냐하면, 이 유기체는 사고의 본질에 어떤 영향도 끼치지 못하며, 실은 사고 활동이 일어날 때마다 약해지기 때문이다. 유기체는 스스로 활동을 멈추고 공간을 만들어내, 이 빈 공간에 사고가 나타나게 한다. 사고 안에 활동하는 본질은 두 부분으로 기능한다. 첫째는 인간 유기체의 활동을 억제하고, 둘째로 그 공간에 스스로 들어선다. 앞서 이뤄지는 유기체 활동의 억제는 사고 활동의 결과이며, 특히 이 활동은 사고가 드러나기 위한 준비 과정이다. 이를 통해 사고가 인간 유기체와 어떻게 대응물을 만드는지 알 수 있다. 이를 알면 우리는 더 이상 사고 활동이 인간 유기체에 짓는 대응물의 중요성에 대해 오판하지 않을 것이다. 부드러운 모래밭을 걸으면 발바닥이 모래에 그 모양을 남긴다. 우리는 이 발자국이 땅의 힘에 의해 형성된 것이라고 주장해서는 안 될 것이다. 발자국 형성에 땅의 기운이 조금이라도 기여했다 말해서는 안 된다. 우리가 사고의 본질을 편견 없이 관찰하기만 한다면, 사고가 인간 몸을 통해 스스로 드러나는 데 있어 인간 유기체가 기여한 어떠한 흔적도 찾을 수 없는 것과 같다.(fn 1 참조)

그런데 여기서 중요한 질문이 떠오른다. 인간 유기체가 사고의 본질에 아무런 관여를 하지 않는다면 인간 전체 본성에 있어 유기체의 중요성은 무엇인가? 만약 유기체를 통해 나타나는 사고는 사고의 본질과 아무런 관련이 없고, 오히려 이 사고를 통해 떠오르는 자아-의식(ego-consciousness)과 깊은 관계가 있다면 어떻게 되는가? 사고는 그 본질 안에 '나'를 포함하지만 자아-의식은 포함하지 않는다. 이것을 확인하기 위해 우리는 열린 마음으로 관찰할 수밖에 없다. "나"는 사고에서 발견되는 것이지만 "자아-의식"은 위에 설명한 것처럼 사고 활동이 우리의 일반적 의식에 남긴 자국에서 생겨나는 것이다.(그러니까 자아-의식은 신체를 통해 생겨난다. 하지만 이것을 자아-의식이 한번 일어나면 신체에 의해 좌우된다고 이해해서는 안 되며, 한번 일어난 자아-의식은 사고의 영역으로 끌어올려져 이후 사고의 영적 존재의 일부가 된다.)

"자아-의식"은 인간 유기체 위에 구축된다. 우리의 의지 행위는 유기체에서 흘러나온다. 앞선 논지를 따르면, 우리는 우선 인간의 의지 행위가 어떻게 유기체에서 흘러나오는지를 관찰해야만 사고, 의식적 자아, 의지 행위 간 연결에 관한 통찰을 얻을 수 있다.(fn 2 참조)

자유의 철학   The Philosophy of Freedom
차례

자유의 이론   THE THEORY OF FREEDOM

자유의 실재   THE REALITY OF FREEDOM

궁극적 문제들   ULTIMATE QUESTIONS

THE THEORY OF FREEDOM

우리는 먼저 자연이 우리 안에 있음을 알아야만 자연을 우리의 밖에서도 찾을 수 있다. 우리 안의 자연이 자연으로 돌아가는 길의 안내자가 되어야 한다. 이것이 우리 탐구의 이정표가 될 것이다

우리가 사고하는 한, 우리는 모든 것에 스며든 전일(全一)적 존재다. 이것이 인간 양면성의 더 깊은 뜻이다. 우리는 우리에게 스스로 드러내 보이는 보편적·추상적 원리에 대해 알고 있다. 그러나 그 원리는 세상의 중심이 아닌 주변적 문제로 경험된다. 전자의 경우라면 우리가 의식을 가지는 순간, 이 세상의 문제와 그 해결책에 대해 알 수 있을 것이다. 그러나 우리는 주변의 한 지점에 있고 우리 존재는 분명한 한계에 구속되어 있으므로, 우리 마음에 보편적 우주원리를 드러내는 사고의 도움으로 우리 존재 너머를 탐험해야만 한다. 내부와 외부라는 두 요소를 동화하고 통일하는 것, 이것이 바로 앎의 역할이다.

자유의 이론

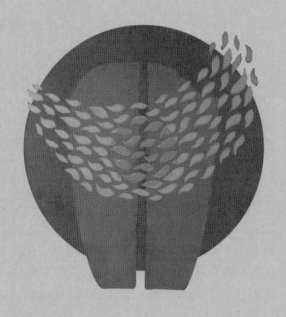

1

앎의 목적

나는 오늘날의 모든 사람들이 인간 개인성(人間 個人性, human indivi-duality)*을 예찬하는 경향성을 지니고 있음을 확신한다. 그들은 모든 종류의 권위에서 벗어나기 위해 맹렬하게 노력하며, 개인의 개성으로부터 발생한 것이 아니면 어떤 것도 타당한 것으로 받아들이려 하지 않는다. 또 개인의 능력을 최대치로 개발하는 데 방해가 되는 모든 것은 멀찌감치 제쳐둔다. 이제 더 이상 우리에게 "우리는 모두 올림푸스 신을 열망했던 영웅의 발자취를 따라야만 한다."는 속담이 해당되지 않고, 그 어떤 이상도 우리를 강제할 수 없다. 우리는 우리들 각자가 존재의 근원을 깊이 탐구하기만 한다면 그 안에 고귀함과 계발할

● 한국어로 '개인'이라고 번역될 수밖에 없는 개념에 영어로는 뜻이 구별되는 individual과 per-son 두 가지가 있다. 전자는 '분리할 수 없고 보편성을 지닌 개별자'로, 후자는 '분리된 개별 주체'의 의미로 쓰이지만 국어에는 이를 구별해서 표현할 번역어가 마땅히 없는 실정이다. 이 책에서 주제로 삼는 개인은 전자다. 이후 전개될 지각/개념의 주체가 각각 person/individual이다. percept/concept도 마찬가지다.

만한 가치가 있음을 확신하며, 또한 더 이상 우리가 순응해야 할 인간 삶의 표준이 있다고 여기지도 않는다. 우리는 전체의 완전함이 각 개인 고유의 완전함에 달려 있다고 생각하기에 누구나 잘할 수 있는 것을 하고 싶어 하지 않는다. 아니, 그것이 아무리 하찮을지라도 내가 세상에 이바지하는 바는 나 자신의 고유한 본성으로서 나만이 제공할 수 있는 것이어야 한다. 여태껏 오늘날처럼 예술가들이 규칙과 규범에 관심을 두지 않은 적이 없다. 그들은 예술 창작에 있어 그들만의 고유함과 표현의 자유를 강력히 주장한다. 드라마 극작가 중에는 문법에 맞는 표준어를 사용하기보다 방언을 이용해 글을 쓰는 이들도 있다.

이러한 현상을 설명하기 위한 표현으로 이것은 '정점에 이른 자유를 향한 개인의 투쟁'이라는 말보다 더 좋은 표현을 찾기 어려울 것 같다. 우리는 어떠한 측면으로도 의존하길 원치 않고 꼭 그래야만 할 때도 그것이 우리의 개인성에 중요한 이익이 된다는 조건으로만 그것을 허락한다. 우리가 사는 이 시대의 진리 또한 인간 본성의 심층에서만 발견할 수 있다. 아래 서술된 실러의 잘 알려진 두 가지 방법 중 두 번째 방법이 가장 유용하다:

우리 모두 찾는 진실

당신과 세계 없는 곳의 당신: 마음속의 '나'

둘에게 똑같은 진리가 찾아질 수 있습니다.

밝은 눈은 세계를 통해 위대한 창조주의 흔적을 봅니다;

밝은 마음은 피조물을 비추는 거울입니다.

불워(BULWER)

외부로부터 우리에게 다가오는 진실에는 언제나 불확실성의 흔적이 묻어 있다. 우리는 언제나 우리 각자의 마음속에 진실로 드러나는 것만을 확신한다. 우리는 진실만으로 우리 자신의 힘을 키움에 있어서 확신을 지닐 수 있으며, 반면에 의심으로 인해 고통받는 자는 자신의 힘이 변변찮음을 발견한다. 자신을 당혹스럽게 하는 수수께끼 같은 세상에서 그는 행위의 목적을 찾을 수 없다.

우리는 이제 믿음이 아니라 앎을 원한다. 믿음이란 우리가 완전히 이해하지 못하더라도 진실로 받아들여지기를 요구하지만, 개인성(individuality)은 존재의 한가운데에서부터 모든 것을 직접 경험하고자 하며 그것이 이해되지 않는 모든 것은 몰아내 버린다. 개별 인간(personality)의 내면 생활에서 비롯된 앎만이 우리를 만족시키고 이러한 앎은 외부 규범에 굴종하지 않는다.

다시 말하지만, 우리는 공식 안에 정형화되어 갇혀 있는, 백과사전 안에서 영구 보존될 앎을 원하지 않는다. 우리는 모두 각자가 직접 경험한 우리 가까이에 존재하는 사실들로부터 시작할 권리를 주장한다. 그리고 거기에서부터 시작해 우주 전체의 앎에 이르고자 한다. 우리는 앎 안의 확실성을 추구하지만, 그 또한 각자 나름의 방식으로 추구한다.

우리 시대의 과학적 원칙들 역시 우리가 무조건 받아들일 수밖에 없는 것으로 여겨지지는 않는다. 누구도 과학적 연구 결과에 피히테의 『최신 철학의 본성과 관련된 일반 대중을 위한 명쾌한 해석. 독자를 이해시키기 위한 하나의 시도』와 같은 제목을 붙이길 원치 않을 것이다. 이제는 누군가에게 어떤 것을 이해하도록 강요하는 시도는 없다. 우리는 성숙한 개인이 특정 관점을 가져야만 한다는 점에 동의하지 않는다. 우리는 미성숙한 인간, 즉 어린이들에게조차 사실에 근거한 지식만을 머릿속에 구겨 넣으려 하지 않는다. 우리는 대신 누군가의 강요에 의한 것이 아닌 그들의 의지로써 이해한 방식을 통해 그들의 능력을 개발시키고자 한다.

나는 현시대의 특징에 관해 어떤 환상도 없다. 나는 얼마나 많은 이들이 개인성이 완전히 결핍된 채 유행만 따르는 자신들의 생활방식을 과시하는지 알고 있다. 또한, 나는 많은 동시대인이 지금껏 내가 명시한 삶의 원칙의 방향으로 그들 삶의 질서를 잡아가기 위해 고군분투하는지도 알고 있다. 그들에게 나는 이 책을 바친다. 이 책이 진실에 이르는 "유일한 길"을 제시하는 것은 아니다. 다만 이것은 마음으로부터 진실을 추구하기로 선택한 이들이 따랐던 길을 설명할 뿐이다.

　독자들이 처음에는 다소 추상적인 영역으로 이끌릴 수 있으나 그 곳에서 사고[●]를 통해 명백한 결론에 이르기 위한 분명한 윤곽을 그려 내야 한다. 하지만 독자들은 또한 이 무미건조한 개념의 영역에서 분 명한 삶의 영역으로도 이끌릴 것이다. 나는 한 개인의 경험이 삶의 모 든 부분을 관통해내지 못한다면 약동하는 삶의 세계에까지 오를 수 없다고 확신한다. 감각에서 오는 즐거움에 국한되어 있는 자는 삶의 가장 달콤한 즐거움들을 놓치게 된다. 동양의 현자들은 그들의 제자 들에게 지혜를 전수해주기 전 몇 년 동안은 비움과 금욕의 삶을 살도 록 만든다. 서양에서는 과학을 준비하기 위해 경건하고 금욕적인 행 위를 하도록 더는 요구하지 않지만 스스로 일상의 즉각적인 인상들로

● 이 책 전반에서 '사고'는 단순히 생각한다는 일상적 의미 외에 분명한 하나의 개념어로도 쓰인 다. 슈타이너는 많은 곳에서 사고의 특성과 기능을 설명하고 있지만, 명확히 정의하고 있지 않 아서 슈타이너의 개념 용법에 익숙하지 않은 독자들의 이해에 어려움이 있다. 책 전체에 사용 되는 '사고'의 가장 큰 기능은 무엇보다 통합적 이해력이란 점이다. 이 용어의 쓰임새는 대략 다음과 같다. 1단계에서는 지각/개념을 통합하는 의식작용이다. 이는 칸트의 실천이성과 같은 역할을 한다. 2단계에서는 직관/의지를 통합한다. 이때 의지가 쇼펜하우어식 염세주의로 빠지 지 않게 해석되어야 함을 전제로, 지각이 분리한 세계를 자기 안에서 통합해나가는 일원론적 시각이 트인다고 본다. 3단계는 나/세계의 보편적 통합이다. 그것이 가능하므로 인간이 자유 로울 수 있다는 결론으로 이어진다. 위 세 쓰임새를 모두 '사고'라는 개념으로 설명하고 있다. 동일한 개념의 여러 가지 기능을 별도 설명 없이 섞어 사용하므로, 독자로서는 문맥에 따라 구 별해 이해하는 눈이 필요하다.

자유의 철학
The Philosophy of Freedom

부터 거리를 두고 순수한 사고의 영역에 집중할 수 있는 진지한 자발성을 요구한다.

삶의 영역은 다양하고 각 영역마다 특화된 과학이 발달한다. 하지만 삶 자체는 하나이며 과학이 분화된 영역으로 더 파고들어 가려 할수록 그들은 더욱 살아 있는 전체로서 세계를 보는 통찰에서 멀어지게 된다. 분화된 과학의 영역 안에서 인간을 충만한 삶으로 다시 이끄는 최고의 과학이 반드시 존재한다. 과학자들은 그들의 연구를 통해 세상과 그 작동 방식에 대한 지식을 얻고자 한다. 이 책은 다음과 같은 철학적 목표를 가지고 있다: 과학은 하나의 유기체로서 삶에 녹아들어야 한다. 특수 과학 분야들은 모든 것을 포함한 과학에 이르는 각 단계에 해당한다. 유사한 관계성이 예술 분야에서도 발견된다. 작곡가는 그의 작품 활동에 작곡 이론의 법칙들을 사용한다. 이에 해당하는 것은 작곡 과정에 필요한 지식과 축적된 기본 원칙들이다. 작곡 행위에서 이론상의 규칙들은 삶과 현실을 수반하는 하인이 된다. 같은 맥락에서 철학 역시 예술이라 할 수 있다. 모든 진실한 철학자들은 개념의 예술가다. 인간의 생각들은 그들 예술의 매개였고 과학적 방법들은 예술적 기술이었다. 그리하여 추상적 사고는 구체적이고 개별적인 생명을 가지게 된다. 생각이 생명력을 갖는 것이다. 이제 우리는 사물에 대한 지식만을 갖지 않고 지식을 실재하고 자율적인 하나의 유기체로 만든 것이다. 우리의 생생하고 활달한 의식은 진실의 수동적 수용을 초월한다.

어떻게 철학이 하나의 예술로서 자유와 연관되어 있고, 자유란 무엇이며 그 안에서 우리가 무엇을 할 수 있는지에 관한 것이 이 책에서 다루는 근본적 문제들이다. 다른 모든 과학적 논쟁들이 이 책에 포함된 이유는 그것들이 궁극적으로는 인류에게 가장 밀접하게 관련된 질문들을 던지고 있다고 생각하기 때문이다. 이 책은 "자유의 철학"에 관해 이야기한다.

과학이 만일 개인의 존재가치를 드높이기 위해 노력하지 않는다면, 그저 쓸데없는 호기심만 충족시키는 것 이상이 되지 못할 것이다. 과학의 진정한 가치는 인류를 위한 결과물로서 중요성을 보여줄 때 드러난다. 개인성의 최종 목표는 특정 능력 개발(開發)이 아니며 우리 안에 잠들어 있는 모든 능력을 계발(啓發)하는 데 있다. 앎은 인간 본성 전체를 전면적으로 밝혀내는 데 이바지할 때만 가치를 가진다.

그러므로 이 책은 과학과 삶의 관계가 인간이 관념의 세계에 복종하고 봉사하기 위해 그의 능력을 사용해야 하는 것으로 보지 않는다. 반대로 이 책은 단순한 과학을 넘어서 인간의 목표를 이루기 위해 과학을 이용하는 것을 보여준다.

인간은 주인으로서 관념을 대해야 한다. 관념의 노예가 되어서는 안 된다.

의식적 인간 행동

인간의 행동과 사고는 자유로운가? 아니면 필연에 얽매여 있는가? 이 질문만큼 많은 독창성이 소모된 질문은 거의 없다. 자유라는 관념에는 다수의 열렬한 옹호자와 끈질긴 반대자들이 늘 있었다. 일부는 그들의 도덕적 열정으로 자유라는 명백한 사실을 부정하는 이들을 무지한 것으로 치부한다. 그 반대편에는 자연법칙의 통일성이 인간의 행동과 사고의 영역에서 통하지 않는다고 믿는 것이 비과학적 사고의 극치라고 보는 이들이 있다. 그리하여 그것이 인류의 가장 소중한 것이라는 주장과 가장 치명적인 환상이라는 주장이 양립한다. 인간의 자유가 이미 인간이 그 일부로 속해 있는 자연의 결정에도 불구하고 어떻게 유지되는지 설명하기 위해 극도로 정교한 노력이 있었다. 다른 이들도 어찌하여 그런 환상들이 생겨났는지 설명하기 위해 애써왔다. 여기서 우리가 다루는 것이 삶과 종교, 행위와 과학에 있어 가장 중요한 질문 중 하나라는 점을, 인간이 가진 가장 훌륭한 기질적 특성

034

자유의 철학
The Philosophy of Freedom

이 철저함의 반대는 아니라고 보는 모두에게 분명해져야 한다. 최근 과학 연구 결과를 토대로 새로운 신념을 전개해보고자 시도하는 책에도 (다비트 프리드리히 슈트라우스: 옛 신앙과 새로운 것) 다음과 같은 말 외에 더 언급할 것이 없다는 것은, 오늘날 사고의 천박함을 나타내는 슬픈 징표다.

> "우리는 인간의 자유의지에 대한 질문에 신경 쓰지 않는다. 무심한 선택의 자유라는 주장은 품격 있는 모든 철학에 의해 공허한 착각으로 인식되어왔다. 인간의 행동과 인격의 도덕적 가치에 대한 판단은 이 문제에 영향을 받지 않는다."

위 책의 이 문단을 인용한 이유는 이 책이 특별히 중요하다고 생각해서가 아니라, 이 문단이 대다수 동시대인이 이 문제에 대해 떠올릴 수 있는 거의 유일한 관점을 보여주고 있다고 생각하기 때문이다. 유치원 수준 이상의 과학을 공부한 사람이라면 누구나 자유란, 가능한 두 가지의 행동 방식 중 기분 내키는 대로 하나를 선택하는 것으로 이루어질 수 없다는 것을 아는 것 같다. 우리는 늘 우리가 왜 여러 가능한 행동 중 다른 것이 아닌 어떤 한 가지를 선택하는지에 대한 완전히 뚜렷한 이유가 있다고 들어왔다. 이는 꽤 분명해 보인다. 그런데도 오늘날까지도 자유의 반대자들에게서 오는 가장 큰 공격은 오로지 선택의 자유에 관한 것이다. 나날이 입지를 넓혀가고 있는 허버트 스펜서의 가르침도 다음과 같이 말한다.

"모두가 무언가를 욕망하거나 욕망하지 않을 자유를 가졌다고 주장하는 자유의지의 도그마와 관련된 진짜 문제는, 다음 장의 내용에 있는 것처럼 의식분석을 통해 반박되었다."(『심리학의 원칙들』, 4장 219쪽)

다른 이들 역시 자유의지에 대해 논쟁할 때 같은 관점에서 시작한다. 이와 관련된 초창기의 논쟁은 스피노자에서부터 찾을 수 있다. 그가 대단히 단순 명료한 언어로 자유 관념을 비판한 것은 그 이후로 수없이 반복됐지만, 대부분 아주 정교하고 복잡한 논법에 둘러싸인 식으로 논의되어, 정작 질문에 대한 답이 무엇인지에 대한 사고 과정의 핵심을 알기 어렵게 되어버렸다. 스피노자는 1674년 10월 혹은 11월의 편지에서 이렇게 쓰고 있다.

"나는 어떤 것이 자유롭다고 할 때 그것이 순수하게 그 본성상 필연성에 의해 존재하거나 행동하는 것을 말한다. 그리고 어떤 것이 자유롭지 않다고 할 때는 그 존재나 행위가 필연성이 아닌 다른 것에 의해 정확히 고정되는 식으로 결정되는 경우를 말한다. 그러므로 예를 들어, 신은 오직 본성상 필연성으로 존재하는 것이기에 자유롭다. 마찬가지로 신은 그 자신과 다른 모든 것들이 그가 모두 알고 있는 그의 본성상 필연성을 따르기 때문에 자유롭다고 안다. 그러므로 나에게 자유란 자유로운 선택이 아니라 자유로운 필연이다.

그러나 외부 원인에 의해 고정되고 규정된 방식으로 존재하고 행동하도록 되어 있는 피조물들에 관해 이야기해보자. 이를 더 명확하게 이해하기 위해 완전히 단순한 예를 상상해보자. 예를 들어 한 개의 돌멩이가 외부 원인에 의해 특정 양만큼 움직이도록 영향을 받는다면 외부 원인이 멈춘 후에도 어쩔 수 없이 계속해서 움직이게 된다. 돌멩이의 지속되는 움직임은 돌멩이 본성의 필요에 의해서가 아니라 강제에 의한 것이다. 왜냐하면, 돌멩이의 움직임은 외부 원인의 영향으로 결정되었기 때문이다. 돌멩이에 적용되는 이 사실은 그것이 아무리 복잡하고 다각적이라 해도 모두에게 적용된다. 다시 말해, 모든 것은 필연적으로 외부 원인에 의해 고정되고 규정된 방식으로 존재하도록 결정됐다는 것이다.

자, 이제 돌멩이가 움직이는 동안 스스로 움직임을 계속하도록 자신이 가진 능력을 총동원해 최선을 다하고 있고 그 사실을 알고 있으며 그것에 대해 생각하고 있다고 가정해보자. 자신이 최선을 다하고 있다는 것을 인지한 이 돌멩이는 그것이 완전히 자유롭고 움직임을 지속하는 것은 다른 이유에서가 아닌 오직 자신의 의지로 계속되고 있다고 믿을 것이다. 이것은 모든 이가 소유한다고 주장하는 자유의 특징이 바로 인간은 자신의 욕구를 인지하지만, 그 욕구가 결정되는 원인에 대해서는 무지하다는 것을 보여준다. 따라서 아이는 그의 자유의지에 의해 젖을 찾는다고 믿으며, 화가 난 소년은 복수하고픈 욕망을 자유라고 생각하고, 겁쟁이는 피하고 싶은 욕구를 자신의 자유로운 욕구라고 생각한다. 또, 취객은 자기의 자유의지로서 그가 기꺼이 말하지 않을 수도 있었을 것을 말한 것이라고 믿는다. 이러한 편견은 모든 사람 안에 내재해 있기에 이에서 벗어나기는 어렵다.

우리는 경험적으로 자기 욕망을 조절하기 힘들다는 것을 알고, 상충된 열정들로 움직일 때 더 나은 것을 알고도 더 나쁜 것을 쫓아가면서도 여전히 자신은 자유롭다고 여긴다. 왜냐하면, 덜 욕망하는 무엇인가가 있기도 하고 또 어떤 욕망은 떠올리기 쉬운 다른 것을 회상함으로써 쉽게 억제할 수 있기도 하기 때문이다."

이런 관점의 근본적 오류는 너무도 분명하고 정확하게 드러나므로 쉽게 알 수 있다. 돌멩이를 움직인 것과 같은 외부 원인은 인간 행위 배후에서 자기도 모르게 그렇게 행동하도록 내몬 원인과 같다고 여겨진다. 인간이 자신을 원인자로 생각하는 이유는 단지 그가 행위를 의식하기 때문일 뿐이다. 그 과정에서 인간은 자신이 무의식적으로 복종해야만 하는 어떤 원인에 의해 움직인다는 사실을 간과한다는 것이다. 이러한 사고 흐름의 오류는 쉽게 밝혀낼 수 있다. 스피노자나 그와 같은 생각을 하는 사람들은 인간은 인간 행동을 자각할 수 있을 뿐 아니라 그의 행동을 유도하는 원인까지도 자각할 수 있다는 점을 간과했다. 아이가 젖을 원할 때나 술 취한 사람이 나중에 후회할 말을 할 때 자유롭지 않다는 것은 누구나 알 수 있다. 둘 다 그들의 유기체 내면 깊은 곳에서 작용하며 거부할 수 없는 통제력을 행사하는 원인에 대해 전혀 모른다. 그러나 이런 종류의 행동들과 인간이 스스로 원인을 알고 하는 행동들을 같은 것으로 취급하는 것이 정당할까? 인간 행동은 정녕 한 종류일까?

전쟁터에서 병사가 하는 행동, 실험실에서 과학 연구원의 행동, 가장 복잡한 외교 협상에서 정치가가 하는 행동을, 젖을 찾는 아이의 행동과 같은 수준에 놓고 보아도 되는 것일까? 어떤 문제의 해결책을 찾는 최고의 방법은 조건을 단순화하는 것이라는 사실은 의심의 여지가 없다. 그러나 앞뒤 차이를 분별할 능력이 없을 때는 끝없는 혼란을 가져올 뿐이다. 내 행동의 동기를 아는 것과 모르는 것 사이에는 결과적으로 심오한 차이가 있다. 언뜻 생각하기에 이것은 자명해 보인다. 그러나 여전히 자유의 반대론자들은 스스로 인지하고 이해한 자기 행동의 동기를 아기가 젖을 찾게 하는 신체 작용처럼 자기에게 강제되는 것과 같은 것으로 취급해도 되는가에 대해 묻지 않는다.

에두아르트 폰 하르트만은 그의 저서 『도덕 의식의 현상학』(451쪽)에서 인간의 의지는 동기와 성향이란 두 가지 주요 요인에 달려 있다고 주장한다. 만약 모든 사람이 비슷하거나 혹은 적어도 사람들 간의 차이를 무시해도 될 정도라고 본다면, 그들의 의지는 외부로부터 결정된 것으로 보일 것이다. 즉, 그들이 접하게 되는 상황에 의해서 말이다. 하지만 사람들은 그들의 성격이 하나의 관념으로 하여금 그들 안에 욕구가 일어나도록 해야만 행위의 동기로서 이 관념을 채택한다는 사실을 유념한다면, (그러면) 인간은 외부가 아닌 내부로부터 결정되는 존재로 드러난다. 외부로부터 주어진 하나의 생각이 동기로 채택되기 위해서는 우선 우리의 성향과 일치해야 할 것이기 때문에 인간은 스스로 외부 영향들로부터 독립적이라는 식의 자유가 있다고 믿는다. 그러나 에두아르트 폰 하르트만에 따르면, 사실은

"우리가 설령 어떤 생각을 하나의 동기로서 채택한다고 하더라도 그것은 우리의 마음대로 하는 것이 아니라 우리가 타고난 성향에 따른 것이다. 즉, 우리는 결코 자유롭지 못하다."

여기서 다시 한 번, 내가 의식해서 내 것으로 만든 후 허용한 것과 명확히 이유도 모른 채 따르게 된 동기들 간의 차이는 완전히 무시되었다.

이것은 여기서 다룰 주제에서 도출되는 관점 문제로 직결된다. 우리는 자유의지 문제 자체에 대한 질문을 숙고할 권리가 있는가? 아니

라면 다른 어떤 질문들로 연결되어야만 하는가? 만약 행동의 의식적인 동기와 무의식적인 동기 사이에 차이가 있다면, 전자의 문제가 맹목적 충동으로부터 생겨나는 행동과는 다르게 판단되어야 한다. 따라서 우리의 첫 번째 질문은 이 차이와 관련된 것이고, 자유 문제를 어떻게 다루는 것이 적절한 태도인지는 이 질문에 관한 결과에 달려 있을 것이다.

누군가 행동의 동기를 안다고 하는 것은 어떤 의미일까? 불행히도 더 나눠질 수 없는 전체인 인간은 우리 스스로에 의해 갈기갈기 해체됐기에 이 질문은 늘 충분한 관심을 받지 못하였다. 그 무엇보다 중요한 존재인 행위자는 인식하는 자로부터 분리됐다. 즉, 알기에 행동하는 인간은 완전히 간과되어온 것이다.

흔히 인간은 동물적 본능이 아니라 합리적으로 스스로 통제할 수 있을 때 자유롭다고 말한다. 혹은 자유롭다는 것은 자기 인생과 행동을 목적의식이나 의도된 결정에 의해 정할 수 있다는 것을 뜻한다고 알려져 있다. 그러나 이러한 종류의 주장에서 얻을 수 있는 것은 아무것도 없다. 왜냐하면, 문제는 이성, 목적의식 그리고 판단이 인간에게 동물적 본능과 같은 충동처럼 작용하는가이기 때문이다. 만일 내 안에서 내가 행하지 않은 채, 배고픔이나 목마름이 일어나는 것과 같은 필요 때문에 어떤 하나의 계산적 결정이 일어난다면 나는 그것에 복종할 수밖에 없을 것이고 나의 자유란 환상에 그친다.

또 다른 형태의 표현도 있다. 자유로워진다는 것은 우리가 하고자 하는 것을 바라는 데서가 아니라 우리가 바라는 것을 행함을 뜻한다는 것이다. 이 생각은 위대한 시인이자 철학가인 로버트 해머링의 저서 『의지의 원자학』에 분명하게 표현되어 있다.

"인간은 그가 의지하는 대로 행동할 수 있지만, 그가 의지하고자 하는 것을 의지할 수는 없다. 왜냐하면, 그의 의지는 동기에 의해 결정되기 때문이다! 인간이 무엇을 의지할지 의지할 수 없다고? 이 문장들을 좀 더 자세히 숙고해보자. 어떤 분명한 의미가 있는가? 그러면 자유의지란 행위의 토대나 동기와 무관하게 의지할 수 있는 것을 뜻하는 것일까? 저것보다 이것을 할 행위의 토대나 고군분투할 어떤 동기를 가지지 못한다면 의지한다는 것은 무슨 의미일까? 행위의 토대나 동기 없이 무언가를 의지한다는 것은 무엇인가 바라지 않는 것을 의지하는 것이 될 것이다. 동기라는 개념은 의지 개념과 불가분의 관계에 있다. 결정적인 동기가 없는 의지란 공허한 기능에 불과하다. 그것을 능동적이고 실제적인 것으로 만드는 것은 동기다. 따라서 인간의 의지란 늘 가장 강력한 동기에 의해 그 방향성이 부여되는 한 '자유롭지' 못하다는 것도 꽤나 진실이다. 그러나 다른 한편, 말하기 어색하지만, 이런 '부자유'와 반대로, 우리가 받아들일 수 있는 의지의 자유는 원하지 않는

것을 원할 수도 있는 능력으로 구성되어 있다는 점도 인정해야만 한다."(『의지의 원자학』, 213쪽)

여기서도 다시 의식적인 것과 무의식적인 것을 구분하지 않은 일반적인 동기에 대해서만 언급하고 있다. 만약 하나의 동기가 나에게 영향을 끼쳤고 그것이 가장 강력한 종류라는 것이 입증되어 내가 그것에 따라 행동하도록 강제되었다면, 자유라는 관념은 더는 의미가 없어진다. 어떤 동기가 나를 강제하여 특정한 행동을 하거나 하지 않게 되는 것이 나에게는 어떻게 문제가 될 것인가? 문제는 내 행동이 동기에 의해 강제될 때 어떤 행동을 하느냐 마느냐가 아닌, 내가 절대적 필요 때문에 그렇게 할 수밖에 없게 만드는 것이 오로지 그 동기뿐인가이다. 만일 내가 무언가를 의지해야만 한다면 내가 그것을 할 수 있느냐의 문제에 관해서는 완전히 무심해질 수도 있다. 그리고 나의 성향 혹은 내가 처한 환경이 만드는 상황에 따라 어떤 동기가 나에게 강제되었고 그것이 내 생각에 불합리한 것이라면 나는 내가 의지하는 것을 행할 수 없음을 오히려 반겨야 할 것이다. 문제는 내가 결정을 내린 대로 실행할 수 있느냐가 아니라 내가 어떻게 그 선택을 내리게 되었는가다.

인간을 다른 모든 유기체와 구분하는 것은 합리적 사고다. 활동은 인간과 여타 유기체 모두 같다. 자유의 개념에 대해 명확히 정리하기 위해 동물의 세계에서 유사점을 찾아 인간 행동에 적용하려는 노력으로는 아무것도 얻을 수 없다. 현대 과학은 이러한 유사점 찾기를 즐긴다. 과학자들은 동물 행동에서 인간 행동의 유사한 면을 발견했을 때 과학적인 면에서 인간에 대해 가장 중요한 문제를 건드렸다고 믿는다.

『자유의지의 환상』(by P. Reé, 1885년, 5쪽) 자유에 관한 부분을 보면 이러한 시각이 어떤 오해들을 불러일으키는지 알 수 있는 언급이 있다.

"그 돌멩이의 움직임이 왜 필수적인지를 설명하기는 쉽지만, 당나귀의 자유의지를 설명하는 것은 그렇지 않다. 돌멩이를 움직이게 하는 원인은 외부적이고 눈으로 볼 수 있지만, 당나귀의 자유의지를 결정하는 원인은 내면에 있고 보이지 않기 때문이다. 그들의 활동과 우리 사이에는 나귀의 두개골이 존재하며 그 인과관계는 보이지 않기에 존재하지 않는 것으로 여겨진다. 그 자유의지는 그 당나귀가 몸을 돌리도록 하는 원인이라고 설명했지만, 그것 자체는 본능적이며 완전한 시작에 불과하다."

여기서 또 한 번 "그들의 활동과 우리 사이에는 나귀의 두개골이 존재한다."라는 리의 주장에서는 자기의 동기를 인지한 상태의 인간 행동은 완전히 무시된다. 위 문장에서 나타나듯, 동기는 우리와 행위 사이에 존재하며 이 동기가 전제된 인간의 행위는, 당나귀가 아니라 인간인 우리에게 있어서는 의식적임이 리에게는 분명하지 않았다. 리가 몇 쪽 뒤에서

"우리는 우리의 자유의지를 결정하는 원인에 대해 인지하지 못하기에 우리의 자유의지는 어떤 원인에 의해 결정되는 것이 아니라고 생각한다."

라고 말할 때, 그의 주장의 맹점이 다시 한 번 드러난다.

이제 자유가 무엇인지조차 모르는 채 자유에 대해 말하는 많은 이들이 있다는 것에 대한 예시는 충분하다.

행위자가 어떤 행동을 왜 행하는지조차 모르는 채 행동하는 것이 자유롭지 못하다는 것은 말할 필요도 없다. 그러나 우리가 심사숙고한 동기들과 관련된 행위의 자유는 어떻게 되는가? 이 질문은 우리를 사고의 의미와 기원에 관한 문제로 이끌어간다. 일반적으로 말하는 사고한다는 것이 무엇을 뜻하는지 우리가 이해할 때, 인간 행동에서 사고의 역할을 좀 더 분명하게 알 수 있을 것이다. 헤겔은 다음과 같이 말했다.

"인간과 동물 모두 가지고 있는 혼(魂)을 영(靈)으로 전환하는 것은 사고다."●

따라서 인간 행동의 특징은 사고에 있다.

나는 모든 인간 행동들이 우리 이성의 냉철한 숙고에서 생겨난다고 말하는 것이 아니다. 나는 추상적인 판단에서 나오는 가장 높은 의미의 그 행동들만을 "인간"이라고 부르는 것과도 거리가 멀다. 그러나 우리의 행동이 순수하게 동물적인 욕망 충족 영역을 뛰어넘는 순간, 우리의 동기는 항상 사고들에 의해 형성된다. 인간 행동의 동기가 되는 사랑과 동정심 그리고 애국심은 차가운 이성적 개념들로 분석해버릴 수 있는 것들이 아니다. 그것은 여기 가슴과 혼(魂)이 붙잡고 있는 것이며 이것은 의심의 여지가 없는 사실이다. 하지만 가슴과 혼(魂)은 어떤 동기도 만들어내지 않는다. 그것은 전제되는 것이다. 동정심은 내 의식 속에 동정심을 불러일으키는 어떤 사람에 대한 사고

● '혼을 영으로 전환하다.'는 표현에서 혼의 원어는 soul이고 영은 spirit이다. 일상어에서 '영혼'이라는 말로 구별 없이 쓰이지만 개념적 의미는 분명하게 구별된다. 특히 차후 '인지학'이라는 명칭의 독자적 세계관을 구축하는 슈타이너 사상 전반에서 이 구별은 인간 본성 파악의 핵심이다. 혼은 감각-지각-감성-개념의 발달과 그 연결까지를 말하고 영은 전자의 발달에 기초하여 '카르마로서의 의지'와 '초언어적 세계 통합 이해로서의 직관'을 연결할 수 있는 의식을 말한다. 전자에서도 사고는 작동하지만 사고 본연의 특성은 후자로까지 나갈 수 있는 힘이라는 점에서 '인간 행동의 특징은 사고에 있다.'는 다음 문장이 깊은 의미를 띠게 된다. 이런 과정을 통해 지각이 분리한 나와 세계를 사고가 통합했을 때 영적 성숙이 이루어지고 의식적으로 자유로운 인간이 가능하다는 것이 책 전체의 주장이다.

가 일어날 때 내 가슴속에서 생겨난다. 가슴으로 가는 길은 머리를 통해서이다. 사랑 역시 예외는 아니다. 사랑이 단순한 성적 본능의 표출 이상이 될 때, 우리가 사랑하는 대상을 어떻게 생각하는가에 달린 문제가 된다. 우리가 사랑하는 대상을 사고 안에서 그 이상적 상(象)을 떠올릴수록 우리의 사랑은 더욱 축복받은 것이 된다. 여기에서도 사고는 느낌의 아버지다. 사랑은 사랑하는 대상의 결점조차도 볼 수 없게 시야를 가린다고 한다. 그러나 이것을 반대의 관점에서 볼 수도 있다. 즉, 다시 말해 정확히 장점이 사랑을 눈 뜨게 하는 것이다. 하지만 많은 이들이 이런 장점들을 알아차리지 못하고 지나친다. 그러나 어떤 이가 그것을 알아차리게 되면 단지 그것만으로도 그의 혼(魂) 안에서 사랑이 깨어난다. 그는 수백 명의 사람들이 알아보지 못한 것을 알아본 것 외에 한 것이 뭐가 있는가? 다른 이들은 알아차리지 못했기에 사랑이 그들의 것이 되지 못한 것이다.

이 주제에 대해 우리가 어떤 관점을 택하든, 인간 행동의 본성에 관한 문제는 사고의 기원에 그 전제를 둔다. 그러므로 나는 다음의 질문으로 넘어가기로 한다.

3

왜 앎의 욕구가 삶의 바탕인가

두 영혼들, 오! 내 가슴에 함께 사는,

서로 이끌고 밀어내는 형제들.

하나는 사랑 속의 끈질긴 힘

그 품 안에 세계를 열정적으로 껴안는;

또 하나는 이 모든 것을 위로 날려버리는,

우리가 온 드높은 우주로.

파우스트, 1막 2장

이 시에서 괴테는 인간 본성 깊숙이 각인된 특징에 대해 표현했다. 인간은 결코 자족적인 존재가 아니다. 인간은 이 세상이 제공하는 것보다 더 많은 것을 요구한다. 자연은 우리에게 욕구를 주었지만, 그 만족은 우리 자신의 활동으로 남겨두었다. 자연이 우리에게 얼마나 충분한 양을 선물하든 여전히 우리의 욕망은 채워지지 않는다. 우리는 마치 불만족할 수밖에 없도록 태어난 것 같다. 그리고 우리의 앎에 대한 욕구는 이 만족하지 못한 분투에 대한 특별한 하나의 예다. 우리가 한 나무를 두 번 바라본다고 가정해보자. 처음 쳐다보았을 때 가지들은 멈춰 있는 것으로 보이지만 두 번째 보았을 때는 움직이고 있다. 우리는 이 관찰로 만족하지 못한다. 왜, 이 나무는 첫 번째에는 멈춰 있으나 두 번째에는 움직이는 것으로 우리에게 보일까? 하고 우리는 묻는다. 자연에 대한 모든 관찰은 우리에게 여러 질문을 일으킨다. 우리가 만나는 모든 현상은 우리가 해결할 새로운 질문들을 던진다. 모든 경험은 우리에게 수수께끼다. 우리는 달걀을 보고 그것에서 어미와 같은 생명체가 태어나는 것을 관찰한다. 그리고 우리는 그것들이 닮은 이유를 묻는다. 우리는 한 생명체가 자라고 확실한 완벽함의 단계까지 개발되는 것을 관찰하고 이런 경험이 일어나는 조건들에 대해 알고자 한다. 자연이 우리의 감각 세계 앞에 펼쳐준 것들로는 만족하지 못한다. 모든 곳에서 우리는 이런 것들에 대한 소위 설명을 찾고 있다.

우리가 사물 안에서 무엇인가 찾으려 하면 우리에게 즉각 주어지는 것을 넘어 우리 전체 존재는 두 부분으로 나뉜다. 우리는 세계에 맞서 있는 우리의 존재를 의식하게 된다. 우리는 독립적 존재로서 이 세계와 마주 서 있다. 우주 안에는 두 개의 마주 선 축이 있는 것이다. 나(Self)와 세계(World)다.

우리와 세계를 가르는 이 장애물은 우리 안에 의식이 타오르기 시작하면 동시에 일어난다. 그러나 이 모든 장애물에도 불구하고 우리는 계속해서 우리가 이 세계에 속해 있고, 세계와 우리 사이의 연결고리가 있으며 우리는 우주 밖이 아닌 우주 안의 존재라는 느낌을 멈출 수 없다.

이런 감정은 우리로 하여금 세계에 대해 느끼는 분리되어 마주 선상태를 넘어 연결되도록 노력하게 하고, 인류의 모든 영적인 노력 역시 궁극적으로는 이런 맞섬을 넘어 연결되고자 하는 것이다. 인간의 영적인 삶의 역사는 세계와 우리 자신 사이의 끊임없는 합일 추구의 역사다. 종교, 예술 그리고 학문은 모두 이 목적을 따른다. 종교인은 신이 그에게 허락한 계시 속에서, 단순한 현상의 세계에 만족하지 못하는 그의 자아(Self)가, 스스로에게 과업으로 부여한 세계 문제의 해결책을 찾는다. 영적 존재인 인간은 현상만으로는 만족할 수 없는 세계의 문제에 대해 내면의 신성이 부과한 자신의 과제를 발견함으로써 신이 마련해둔 해답을 찾으려 한다. 예술가들은 그들 안의 '나'에게서 나오는 그들의 생각들을 작품 안에 담아내고자 한다. 그것을 통해 자신 안에 살고 있는 영을 바깥세상과 조화시키고자 하는 것이다. 그들 역시 단지 겉으로 나타나는 세상의 모습만으로는 만족하지 못하고 그들의 '나'가 제공하는, 겉으로 나타나는 것을 초월하는 어떤 것을 형태로 나타내고자 애쓰는 것이다. 사상가는 현상의 법칙을 탐구한다.

그는 사고를 통해 관찰로 얻은 경험들을 완벽히 이해하고자 노력한다. 우리는 세계 안의 내용을 사고 안의 내용으로 변형시켜야만 끊어진 연결고리를 다시 이을 수 있다. 우리는 이 문제에 있어 과학자들이 자연에 대해 질문하는 것보다 훨씬 더 깊이 파고들어야만 이 목표를 달성할 수 있음을 알게 된다. 내가 앞서 말했듯, 우리가 만나는 이 모든 상황은 역사적으로 단일세계론 혹은 일원론이라 일컫는 것과 양대 세계론 혹은 이원론이라고 불리는 것들 간의 갈등으로 나타난다. 이원론은 인간의 의식이 초래한 나와 세계의 분리에만 관심을 둔다. 이것은 정신과 물질, 주체와 대상, 사고와 외형이라 부르는 이런 반대의 상태를 화해시키려는 헛된 노력으로 이뤄져 있다. 이원론자들은 두 세계를 연결하는 다리가 있다고 생각하지만 그러한 것은 발견될 수 없다. 일원론은 오직 통합에만 관심을 두고 분명히 존재하는 두 개의 세계를 부정하거나 비방하려고만 한다. 두 가지 이론 모두 사실에 합당하지 못하기에 우리를 만족시키지 못한다. 이원론자들은 정신(나)과 물질(세계)을 근본적으로 다른 독립체들로 보고, 그러므로 서로가 어떻게 영향을 주고받을 수 있는지 이해하지 못한다. 만일 물질의 근본이 정신과는 아주 다른 세계의 것이라면 어떻게 정신이 물질의 세계에서 일어나는 일을 알아차릴 수 있겠는가? 혹은 이런 상황에서 어떻게 정신이 그것의 의도를 실천으로 전환하기 위해 물질을 통해 행동할 수 있겠는가? 이 질문에 답하기 위해 정말 터무니없는 가설들이 제시됐다. 그렇다고 현재 일원론자들이 더 나은 상황에 있는 것도 아니다. 그들은 이 난제를 해결하기 위해 세 가지 방법을 택해왔다. 정신을 부정하고 유물론자가 되든지, 아니면 자신들의 구원을 위해 유심론자가 되어 물질을 부정하거나, 또는 세계의 가장 단순한 개체도 정신과 물질은 떼려야 뗄 수 없게 묶여 있으므로 인간 안에 절대 분리될 수 없는 두 가지 형태가 존재함에 대해 특별히 경탄할 것이 없다고 주장한다.

유물론은 결코 이 세계에 대해 만족스러운 답을 주지 못한다. 왜냐하면, 그것을 설명하기 위한 모든 노력은 세계의 현상들에 대한 사고 형성 과정부터 시작해야 하기 때문이다. 그래서 유물론은 물질 혹은 물질적 과정에 대한 사고로부터 시작한다. 그러나 그 방법으로는, 직전에 언급한 바로 그 점 때문에, 물질세계와 물질세계에 대한 사고라는 두 가지 다른 사실들과 정면으로 맞닥뜨리게 된다. 유물론자들은 사고하는 것을 순수한 물질적 과정으로 취급해서 (유물론적으로) 이해할 수 있는 것으로 만든다. 그들은 마치 소화 과정이 동물의 기관에서 이뤄지는 것처럼, 사고하는 것 역시 뇌에서 이루어진다고 생각한다. 그들은 기계적·화학적·유기적 과정들이 자연에 기원한다고 보고, 특정한 상황들에 있어 사람의 사고하는 능력에 대한 자연의 공로를 인정한다. 그러나 이것은 문제를 한군데에서 다른 곳으로 옮기는 것에 불과하다. 사고의 힘을 자기 자신 대신, 물질로 옮겨버리는 것이다. 그로 인해 다시 시작점으로 되돌아온다. 물질은 어떻게 자기의 본질에 대해 사고할 수 있는가? 왜 물질은 자기 존재 자체를 받아들이고 만족할 수 없는가? 유물론자들은 그들의 관심을 명백한 논의의 대상인 그들 자신으로부터 돌려버리고 불분명하고 흐릿한 어떤 것에 관심을 쏟았다. 그러면 다시 한 번 오래된 그 문제가 그들에게 나타난다. 유물론은 이 문제를 풀지 못하며 단지 다른 장소로 옮길 뿐이다.

그러면 유심론은 어떠한가? 유심론자들은 물질(세계)을 정신(나)이 만들어낸 산물 정도로밖에 바라보지 않는다. 그들은 경이로운 세계 전체를 그저 정신(나)이 짜놓은 직물 정도로 간주한다. 세계에 대한 이런 이해는 정신으로부터 어떠한 구체적 현상을 이끌어내 보고자 시도하는 순간 어려움에 직면한다. 앎에서도 혹은 행위에서도 이끌어낼 수가 없기 때문이다. 만약 어떤 이가 외부 세계에 대해 진정으로 알고자 한다면 그는 시선을 밖으로 돌려 축적된 경험들을 들여다보고자 할 것이다. 경험이 없는 정신은 내용이 있을 수 없다. 마찬가지로 행동하기 위해 우리는 물질적인 것들과 물리적인 힘의 도움을 받아야만 우리의 목적들을 현실로 옮겨낼 수 있다. 그러므로 우리는 외부 세계에 의존적이다. 가장 극단에 있는 유심론자 혹은 관념론자라 칭할 수 있는 요한 고틀리프 피히테(Johann Gottlieb Fichte)는 세계 전체의 체계를 "자아(Ego)"로부터 끌어내려 한다. 그가 이루어낸 것은 사실 실증적 내용은 포함하지 않는 하나의 경탄할 만한 세계에 대한 사고-표상이다. 유물론자들이 논박을 통해 정신을 부정할 가능성이 없는 것만큼이나 관념론자들이 물질의 외부 세계를 제외하고 논의를 전개하는 것 역시 불가능한 일이다.

관념론의 한 기이한 변종은 널리 읽히고 있는 프리드리히 알베르트 랑케의 책 『유물론의 역사』에서 확인할 수 있다. 그는 유물론자들이 주장하는 우리의 사고를 포함한 모든 현상이 순수하게 물질적 과정의 생산물이라는 주장이 옳다고 말한다. 대신, 물질과 그 과정들은 우리 사고의 결과라고 말한다.

"감각들은 사물들의 진짜 같은 복제물도 아니고, 사물들의 실제에 훨씬 못 미치는 그것들의 영향만을 느끼게 할 뿐이다. 그러나 이런 미약한 영향 안에서도 우리는 반드시 우리의 감각들 자체와 뇌 그리고 뇌 안에서 활동 중일 것으로 추측하는 분자들의 진동까지 작용함을 포함해야 한다."

즉, 우리의 사고는 물질적 과정에 의해 생산되고 이 과정은 우리의 생각으로 생산된다는 것이다. 랑케의 철학은 그러므로, 결국 자기 머리끄덩이를 잡아 공중으로 끌어올렸다는 허풍쟁이 바론 뮌히하우젠 남작(Baron Münchhausen) 이야기의 철학적 유사품에 불과하다.

세 번째 형태의 일원론은 극히 단순한(원자) 단위에까지 물질과 정신의 통합을 찾아내려 한다. 그러나 역시 이를 통해서도 우리의 의식 안에 있는 그것의 기원에 대한 질문이 다른 곳으로 옮겨졌다는 사실 외에는 얻는 것이 없다. 그것이 만약 더 나눌 수 없는 단일체라면 어째서 자신을 이중적인 방식으로 드러내고 있겠는가?

이 모든 이론에도 불구하고 우리는 우리의 의식 속에서 근본적이고 기저에 깔린 맞섬을 느낀다는 사실에 주의해야 한다. 자연의 품속을 깨고 나와 자아로서 자신을 세계와 맞서게 한 것은 결국 우리 자신들이다. 괴테는 이에 대해 그의 수필 『자연』에서 고전적으로 표현하였다.

"그녀(자연) 한가운데에 사는 우리는 그녀에게는 낯선 이들이다. 그녀는 우리에게 쉼 없이 말하고 있지만, 그녀의 비밀을 말해주지는 않는다."

괴테는 반대쪽도 알고 있었다:

"인류는 그녀 안에 존재하고 그녀 역시 모든 인류 안에 존재한다."

우리가 자연으로부터 우리 자신을 낯설게 만든 것이 사실인지 아닌지와 상관없이 우리가 자연 안에 있고 자연에 속한다고 느끼는 것은 진실이다. 우리 안에 박동하고 있는 것은 오로지 자연의 생명일 뿐이다.

우리는 반드시 자연에게 돌아가는 길을 찾아야 한다. 단순한 한 생각이 어쩌면 그 방향을 보여줄 수도 있다. 우리는 분명히 자연으로부터 우리 자신들을 분리해냈지만 그럼에도 불구하고 우리 자신 안에 자연의 일부를 담고 있다. 우리 안에 있는 그 자연으로부터 온 자질을 반드시 찾아야 하고, 그러면 우리는 자연과의 연결을 다시 한 번 발견할 수 있을 것이다. 이원론은 이 점을 간과한다. 그들은 인간의 정신을 자연과는 완전히 이질적인, 영적 독립체로 여기고 자연에는 편승해가려 한다. 그러니 두 가지를 연결하는 고리를 찾을 수 없는 것이 당연하다. 우리는 먼저 자연이 우리 안에 있음을 알아야만 자연을 우리의 밖에서도 찾을 수 있다. 우리 안의 자연이 자연으로 돌아가는 길의 안내자가 되어야 한다. 이것이 우리 탐구의 이정표가 될 것이다. 우리는 정신과 물질의 상호작용에 관해 어떠한 의심도 품어서는 안 된다. 그보다 우리는 우리가 자연에서 발견한 요소들을 찾기 위해 우리 자신을 더욱 자세히 들여다보아야 한다. 우리 자신에 대한 검토가 이 문제에 대한 답을 줄 것이다. 우리는 스스로 "이것은 더는 단지 '나'가 아닌 '나' 이상의 것이야."라고 말할 수 있는 지점까지 도달해야 한다.

나는 여기까지 읽은 많은 독자가 나의 논고가 "현재 과학 수준"을 못 따라간다 여길 수 있다는 것을 알고 있다. 이런 비판에 대해 나는 현재 과학 연구의 결과물과 연관된 것이 아닌 단순히 우리가 각자의 의식 속에서 경험한 것을 설명한 것이라 대답한다. 정신과 세계의 조화를 이루려는 시도에 관한 몇 가지 문구들은 진상을 더 자세히 설명하려는 의도에서 한 것일 뿐이다. 그래서 나는 "나", "정신", "세계", "자연"과 같은 표현들에 심리학이나 철학에서 특정해 쓰는 정확한 그 의미들을 부여하지 않았다. 일상적 의식은 과학의 각 분야에 대해 예민하게 구분하지 않는다. 그리고 지금까지 나의 목적은 순전히 일상의 경험들을 기록하기 위한 것이다. 위에 언급한 것이 비과학적 논의라고 항의하는 것은 시를 암송하는 사람과 시의 구절구절마다 미학적인 비평을 싣지 못했다고 언쟁하는 것과 같다. 나는 지금까지 과학이 의식에 관해 해석해낸 방식을 우려하는 것이 아니라 우리가 삶의 매 순간 의식을 경험하는 방식을 우려하는 것이다.

4

앎의 도구로서 사고

하나의 당구공이 움직이며 이 공의 움직임이 다른 공에 전달되는 것을 관찰할 때 나는 내 앞에 일어나는 과정에 그 어떤 영향도 받지 않은 채로 있다. 두 번째 공의 움직임의 진행 방향과 속도는 첫 번째 공의 방향과 속도에 의해 결정된다. 내가 단순한 관찰자로 있을 때 나는 두 번째 공의 움직임이 일어나기 전까지는 그것에 대해 아무것도 말할 수 없다. 그러나 내가 나의 관찰의 내용을 숙고하기 시작하면 다른 이야기가 된다. 내 숙고의 목적은 그 과정에 대한 개념들을 만들어내는 것이다. 나는 고무공의 개념을 다른 역학의 개념들과 연결하고 그 상황에 대해 의문을 갖게 하는 특별한 상황들을 고려한다. 다르게 표현하자면, 나는 다른 방해 요소 없이 일어난 그 첫 번째 과정에 내 개념의 영역에서 일어난 두 번째 과정을 더하는 것이다. 이 두 번째 과정은 나에 의해 달라지며 내가 관찰 결과에 만족하고 다른 개념들에 대한 필요를 느끼지 못할 때 이 탐구는 멈추게 된다. 그러므로 그러한 필요가 현재 내게 있다면 나는 공, 탄력성, 충격, 속도 등 이러한 개념들 간의 확실한 연결 관계를 확립하기 전까지는 만족하지 못할 것이다. 관찰된 과정들이 일어나는 것이 나와 무관한 것처럼 개념적 과정들의 일어남이 나에 의해 달라진다는 것도 분명하다.

우리는 후자에 관해 다음을 생각해보아야 한다. 이 활동이 진정 독립적인 내 존재로부터 진행되는 것인지, 아니면 현대 생리학자들의 말처럼 우리는 우리가 의지하는 대로 생각할 수 없고 우리 정신 안에서 일어나는 사고와 그 사고에 연결된 것들이 주어진 순간에 정해주는 대로 생각할 수밖에 없는지에 대해서 말이다.[cp. 테오도어 치엔, 『생리학적 심리학 지침(*Leitfaden der Physiologischen Psychologie*)』, Jena, 1893, p. 171] 현재로서는 우리는 눈앞에 분명한 관계를 가지고 독립적으로 주어진 대상들과 그 과정들의 개념 및 개념들 간 연결 관계를 찾는 것을 끊임없이 추구하고 있다는 사실을 인정할 수밖에 없다. 이 활동들이 진짜 우리에 의한 것인지 아니면 바꿀 수 없는 필요에 의해 결정된 것인지는 현재 우리가 판단할 수 없는 의문점으로 남아 있다. 그러나 의심할 수 없는 것은 그 활동들은 얼핏 보기에 우리의 것으로 보인다는 것이다. 우리는 대상물과 그에 부합하는 개념들이 함께 주어지지 않는다는 것은 확실히 알고 있다. 개념적 과정의 행위자로서 내 존재는 어쩌면 하나의 환상일지 모른다. 하지만 당면한 관찰에 있어 내가 행위한다는 것에는 의심의 여지가 없다. 현재 우리의 질문은 이것이

다: 하나의 운동 과정에 그에 상응하는 개념적인 것을 보완함으로써 우리가 얻는 것은 무엇일까?

나에게 한 과정의 각 부분들끼리 연결된 방식은 그에 상응하는 개념에 대한 발견이 있기 전과 후에는 커다란 차이가 있다. 단순한 관찰로는 일어나는 과정들을 따라갈 수 있겠지만 개념들의 도움 없이는 그들 간의 연결 관계를 뚜렷하게 알 수 없다. 첫 번째 공이 두 번째 공을 향해 특정한 속도와 방향으로 움직이는 것을 나는 관찰한다. 그러나 충돌 후에 일어날 일에 대해 미리 말할 수는 없다. 또 한 번 나는 그저 눈으로 보고 있을 뿐이다. 만약 어떤 사람이 내 시야를 방해해 내가 그 과정을 볼 수 없게 됐다고 치자. 충돌이 일어날 때 단순한 관찰자인 나로서는 어떤 일이 일어나는지에 대해 무지한 상태가 된다. 만일 내가 시야를 방해받기 전에 그 연결된 사건들에 대한 개념을 이미 아는 상태라면 상황은 매우 달라질 것이다. 그렇다면 나는 보고 있지 않더라도 어떤 일이 일어날지에 대해 말할 수 있게 된다. 단순히 과정이나 대상의 관찰만으로는 그것과 다른 과정 혹은 대상과 연결 관계가 드러나지 않는다. 이 연결 관계는 관찰이 사고와 합해졌을 때에야 분명히 드러난다.

관찰과 사고는 인간이 의식하고 있는 한, 모든 인간의 영적 노력의 두 출발점이다. 상식과 모든 복잡한 과학 연구들의 작용이 이 두 가지 우리 마음의 근본에 기초하고 있다. 철학자들은 이상과 현실, 주체와 대상, 외부의 것과 내부의 것, 자아와 비아(非我), 생각과 의지, 물질과 정신, 물질과 힘 그리고 의식과 무의식 등 다양하고도 궁극적으로는 대립하는 개념들에서 시작한다. 이런 모든 대립이 관찰과 사고 사이에 이어진다는 사실은 쉽게 알 수 있고 이것은 인간에게 가장 중요한 것이다.

어떤 원칙을 세우든 우리는 우리가 관찰한 어떤 것을 또 다른 사유자도 사고할 수 있는 분명한 개념으로 밝힐 수 있어야 한다. 이 기본이 되는 원칙에 대해 토론하는 모든 철학자들은 그런 원칙에 대해 명료한 개념의 형태로 표현해내야 하고 그렇기에 사고를 이용해야 할 것이다. 그러므로 그들의 행위가 사고에 선행한다는 것을 간접적으로라도 인정하게 된다. 우리는 여기서 세계 발달의 주요 요인이 사고인지 혹은 다른 어떤 것인지에 대한 답은 여지를 남겨두겠다. 그러나 어쨌든 철학자들이 사고 없이 이런 발달 과정에 대한 앎을 얻을 수 없다는 점은 분명하다. 현상이 일어남에 있어 사고란 부차적인 역할일지도 모른다. 그러나 사고가 그 과정을 설명하는 이론들을 구성하는 데에 주요한 역할을 하는 것은 분명하다.

관찰에 대해 살펴보자면, 그 필요는 우리의 신체기관에서 온다. 말(馬)에 대해 우리가 사고하는 것 그리고 그 대상인 "말(馬)"은 우리에게 분리된 두 가지로 존재한다. 그 대상은 오직 관찰을 통해서만 우리에게 접근 가능한 것이다. 우리가 단지 그 동물을 쳐다보는 것만으로는 말(馬)에 대한 개념 정립을 거의 할 수 없는 것처럼 단순히 사고하는 것만으로는 그에 상응하는 대상을 만들어낼 수 없다.

시간상에서 관찰은 사고에 선행한다. 왜냐하면, 우리는 관찰을 통해 즉각적으로 사고하는 것에 익숙해지기 때문이다. 이 장의 서두에서 사고가 어떻게 객관적인 과정에 의해 촉발되고 단순히 주어진 것 이상을 초월하는지에 대해 설명했다. 무엇이 우리의 경험세계 안으로 들어오더라도 그것은 우선 관찰을 통해 이해를 위한 대상이 된다. 느낌, 지각, 직감, 감정, 의지행동, 꿈, 상상, 심상, 개념, 생각, 착각 그리고 환영의 모든 내용은 관찰을 통해서 우리에게 주어진다.

그러나 관찰 대상으로서의 사고는 여타의 다른 대상들과는 근본적으로 다르다. 책상 혹은 나무에 대한 관찰은 그 대상이 내 의식의 지평 위로 떠오르는 순간 내 안에서 일어난다. 그러나 동시에 나는 이런 것들에 대한 내 사고를 관찰하지는 않는다. 나는 책상을 바라보지만 이 책상에 대한 내 사고 과정을 관찰하지는 않은 채, 내 사고의 과정을 진행한다. 만일 내가 그 책상과 그 책상에 대한 나의 사고를 관찰하려면 우선 내 행동 방식 밖의 관점을 가져야 한다. 사고 과정을 관찰하는 것은 우리가 취할 수 있는 아주 이례적인 태도인 것에 반해,

사물들과 운동 과정들을 관찰하는 것 그리고 그에 관해 사고하는 것은 연속적으로 내 삶을 지속하는 중에 매일 일어나는 일이다. 이 점은 관찰 대상으로서의 사고와 다른 대상물과의 관계를 결정할 때 반드시 고려해야 하는 점이다. 우리는 사고 과정을 관찰할 때에 우리가 세계의 다른 모든 대상을 탐구할 때도 적용하는 일반적인 태도만을 한 방법으로 적용한다는 것을 확실히 알아야 한다. 그러나 일반적 탐구 과정은 사고 자체를 다루는 데 적합하지 않다.

누군가는 다음과 같이 예를 들며 사고에 관한 내 설명이 감정과 다른 모든 정신적 활동에도 똑같이 적용된다고 반박할 수 있다. 만일 내가 즐겁다는 감정이 들 때, 그 감정은 어떤 대상에 의해 촉발되는 것이지만 내가 바라보는 것은 그 대상물이지, 즐거움이라는 감정이 아닌 것이다. 그러나 이런 반박에는 오류가 있다. 즐거움이란 그 대상과의 관계에 있어 개념이 사고에 의해 만들어진 것과 같은 관계에 있지 않다. 나는 사물의 개념은 내 주체적 행위를 통해 형성된다는 것을 알고 있다. 반면, 즐거움의 감정은 하나의 대상에 의해 내 안에서 만들어지며 그 방식은, 예를 들어 돌멩이가 어떤 대상에 떨어졌을 때 그 대상에 변화를 일으키는 것과 비슷하다. 관찰에 있어, 하나의 즐거움은 한 사건의 원인이 되는 그 사건이 주어지는 것처럼 주어진다. 하지만 개념은 그렇지 않다. 나는 왜 한 사건이 내 안에 즐거움의 감정을 일으키는가에 대해 물을 수 있다. 그러나 나는 왜 한 사건이 내게 일정량의 개념들을 일으키는지는 결코 물을 수 없다. 질문 자체가 무의미할 것이다. 현상에 대해 사고할 때 그것이 나에게 어떤 영향을 주는지는 고려 대상이 아니기 때문이다. 나는 창문에 던져진 돌멩이가 일으킨 변화를 관찰하고 그 결과에 상응하는 개념들을 알게 되지만 그것을 통해 나 자신에 대해 알게 되는 것은 아무것도 없다. 그러나 내 안에서 어떤 것이 일어날 때 느끼는 감정을 인지할 때 나는 나 자신에 대해 확실히 알게 된다. 내가 하나의 대상을 인지할 때 나는 "이것은 장미다."라고 말한다. 나 자신에 대해서는 전혀 말하지 않는다. 그러나 내가 같은 대상에 대해 "이것이 내 안에 즐거움의 감정을 일으키는구나."라고 말한다면 나는 단순히 장미의 특징을 묘사할 뿐 아니라 장미와 관계된 나 자신에 대해서도 묘사하게 되는 것이다.

그러므로 사고와 감정을 관찰 대상으로서 같은 수준으로 놓고 따져보는 일은 있을 수 없다. 그리고 다른 인간 정신의 활동에도 같은 것이 나타날 수 있다. 사고와는 달리, 다른 인간의 정신 활동들은 관찰한 대상 혹은 사건들과 같은 수준에 놓아야 한다. 사고의 한 독특한 특성은 오직 관찰한 그 대상에 의해서만 사고의 방향이 정해질 뿐 사고하는 주체에 의해 정해지지 않는다는 것이다. 이것은 우리가 어떤 대상에 대한 우리의 생각을 표현할 때 우리의 감정이나 의지행동과는 완전히 별개의 것처럼 표현하는 방식에서도 분명히 나타난다. 내가 어떤 대상을 보고 그것이 책상이라고 인지하면 나는 "이것은 책상이다."라고 말하지 "나는 하나의 책상을 생각하고 있다."라고 말하지 않는다. 한편 "나는 이 책상이 마음에 든다."고는 말한다. 전자의 경우 나는 내가 책상과 어떤 관계를 맺기 시작했다는 것에 대해 언급할 생각이 전혀 없다. 그러나 후자의 경우는 그 관계가 중요한 것이다. "나는 하나의 책상을 생각하고 있다."라고 말할 때는 평범하게 관찰된 대상 자체는 제쳐두고 우리의 정신 활동에 늘 있으면서 관찰을 대상화하는 데서 만들어지는, 위에서 설명한 이례적 관점을 갖는 것이다.

사고의 독특한 특징은 바로 생각하는 사람이 사고 과정에 연관돼 있을 때 사고하고 있다는 것을 잊게 된다는 것이다. 그의 관심을 끄는 것은 사고 행위 자체가 아니라 그가 바라보고 있는 사고의 대상이다. 그러면 사고에 대해 알아차리기 위한 첫 번째 지점은 그것이 우리의 일상적인 정신 생활에 있어 관찰되지 않는 요소라는 것이다.

우리의 일상적인 정신 활동에 일어나고 있는 사고를 알아차리지 못하는 것은 그것이 우리가 직접 하는 활동이기 때문이다. 내 의식장에 대상으로 떠오르는 것 중에 내가 스스로 만들어내지 않은 것들을 나는 나와 독립된 외부의 어떤 것으로 대조한다. 그 대상은 내게 스스로를 강요한다. 나는 그것을 내 사고의 전제로 받아들일 수밖에 없다. 내가 그 대상에 대해 사고하는 한 나는 그것에 빠져 있는 것이고 그것에 주의를 기울이고 있는 것이다. 그러므로 그 대상에 푹 빠져 있다는 것은 단지 그것을 사고로써 관조하는 것일 뿐이다. 나는 내 안의 능동적 활동에 관심을 두지 않는다. 그 활동의 대상에 관심을 둔다. 달리 말하면, 사고하는 중에 나는 나 스스로 만들고 있는 사고 과정이 아닌 내가 만들지 않은 그 대상에 관해서만 관심을 두는 것이다.

게다가 나는 내가 아주 이례적인 관점을 가지고 내 사고 과정을 사고할 때조차도 정확히 이와 같은 입장에 놓인다. 나는 결코 지금의 내 사고를 관찰할 수 없다. 나는 오로지 내 과거에 있는 사고 과정들의 경험을 내 새로운 사고의 대상으로 삼을 수 있다. 지금 시점의 나의 사고를 바라보고 싶다면 나는 나 자신을 두 개의 사람으로 분리해 한 명은 사고를 하고, 또 다른 한 명은 사고하고 있는 나를 관찰하도록 만들어야 한다. 그러나 이것은 불가능하고 나는 단지 두 개의 분리된 행위를 통해서만 이것을 달성할 수 있다. 이미 관찰된 사고 과정들은 절대 내가 개입한 상태의 것일 수 없고 다른 것일 수밖에 없다. 이것을 해보고자 이전의 사고들을 관찰의 대상으로 삼거나, 다른 사람의 사고 과정을 따라가 보거나, 아니면 당구공의 움직임에 관한 예시처럼 상상 속의 사고 과정을 추측해보는 것은 쓸모없는 행위다.

서로 공존할 수 없는 두 가지가 있다: 생산하는 활동과 그 활동에 대한 이론적인 응시다. 이것은 모세 5경에도 잘 나타나 있다. 그에 따르면 신은 엿새에 걸쳐 세계를 만들었고 오직 완성된 후에야 세상을 응시할 수가 있었다. "신은 만들어낸 모든 것을 바라보셨고 그것은 보기에 좋았다." 우리의 사고도 마찬가지다. 우리가 바라보기 위해서는 우선 거기에 있어야 한다.

사고 과정이 언제 일어나든 그것이 일어나는 순간에 관찰할 수 없는 이유는 우리가 사고 과정이 일어나는 것을 세계의 다른 어떤 과정들보다 더 즉각적이고 직접적으로 알게 되기 때문이다. 그것은 우리가 창조한 것이기에 우리는 그 과정의 특징적인 성격과 그 과정이 일어나는 방식을 아주 구체적으로 알 수 있다. 우리는 관찰의 다른 영역에 있는 것은 단지 간접적으로만 알 수 있다. 반대로 개별 대상들 간의 관계와 연관된 대상들 간의 결합, 즉 사고의 경우 즉각 알 수 있다. 나는 지각만으로는 왜 번개가 친 후 천둥이 치는지 그 즉시 깨달을 수 없지만 내 사고 안에서 왜 번개의 개념과 천둥의 개념을 연관 짓는지는 그 두 개의 개념적 내용을 통해 알 수 있다. 천둥과 번개에 관한 내 주장이 옳은지 그른지는 중요하지 않다. 왜냐하면, 두 개념 간의 관계와 두 개념 자체가 나에게 명확하기 때문이다. 사고 과정의 관찰에 있어 이 투명할 정도의 명료함은 사고에 대한 생리학적 기초 지식과는 별개의 것이다. 여기서 말하는 사고란 우리 자신의 정신 활동의 관찰 대상으로서 말하는 것이다. 이 목적에서 내가 사고 과정을 진행 중일 때 어떻게 뇌에서 일어나는 물질적 과정이 서로 원인이 되거나 영향을 주고받는지는 크게 상관이 없다. 사고 과정을 연구할 때, 내가 관찰하는 것은 뇌 속의 어떤 과정이 천둥의 개념과 번개의 개념을 연결하게 되는지가 아니라 어떤 이유에서 이 두 개의 개념 사이의 분명한 연관을 짓는가이다. 하나의 사고와 다른 사고를 연결 짓는 과정의 내적 성찰에서 나는 뇌 안의 물질 과정이 아니라 사고 내용들을 통해 인도된다. 이런 점은 지금보다 덜 물질적인 시대에는 불필요한 말이었을 것이다. 하지만 오늘날 우리는 물질이 무엇인지 알고 그것이 어떻게 작동하는지 알아야 한다고 믿는 사람들이 있기에 뇌의 생리학적 영역을 언급하지 않고 사고에 대한 설명이 가능함을 확실히 말해둘 필요가 있다. 많은 이들이 근래에 들어 순수하게 사고에 대한 개념을 이해하는 데 어려움을 겪는다. 내가 여기에 제시한 사고에 반박하는 사람들은 카바니스의 말 "뇌는 사고를 분비한다. 마치 간이 담즙을, 침샘이 침을 분비하듯이."를 인용할 것이다. 그러나 그들은 내가 말하고 있는 바를 하나도 모르는 자들이다. 그들은 사고를 세계를 구성하는 다른 대상들에 적용하는 것과 같이 단순히 관찰하는 방법으로 찾아내려 할 것이다. 그러나 그렇게 해서 발견할 수는 없다. 왜냐하면, 사고는 그런 단순한 관찰에서 비켜나가 버리기 때문이다. 물질주의를 벗어날 수 없는 사람들은 내가 앞서 묘사한, 다른 모든 정신 활동이 무의식의 상태에 머물러 있음을 의식하게 되는 이례적 태도를 취할 능력이 없다. 이런 태도를 취할 의지가 없는 사람과 사고에 관해 논하는 것은 장님과 색깔에 대해 논하는 것만큼 쓸모없는 일이다. 어떻든, 그 사람이 우리가 생리학적 과정을 사고로 여긴다고 상상하게는 하지 말자. 그러면 그는 그것이 사고에 존재하는 것조차 모르기 때문에 사고에 관해 설명도 할 수 없을 것이다.

하지만 좋게 말해 모든 보통의 사람이라면 이 능력을 가지고 있다고 할, 사고를 관찰할 능력이 있는 사람이라면 이 관찰이야말로 그가 할 수 있는 가장 중요한 관찰일 것이다. 왜냐하면, 그는 스스로 만들어낸 것을 관찰하는 것이기 때문이다. 그는 낯선 어떤 것을 직면하는 것이 아니라, 그 자신의 활동으로 만들어낸 것에서부터 시작하게 된다. 그는 그가 관찰한 것이 어떻게 만들어졌는지 알고 있다. 그것들 간의 관계와 연결에 대해서도 분명하게 지각한다. 그는 세계의 다른 현상에 관해 설명을 구할 수 있는 잘 구축된 희망을 토대로 확실한 지점을 얻는다.

그가 발견한 그 단단한 기초와 같은 느낌은 인간 앎의 전체를 "나는 생각한다. 고로 나는 존재한다."에 근거를 둔 근대 철학의 아버지 데카르트를 불러낸다. 다른 모든 것, 모든 과정은 나로부터 독립된 것이다. 이것들이 진실이든, 환상이든, 꿈이든 나는 알지 못한다. 그러나 나의 사고에 대해서는, 내가 바로 의심의 여지없이 존재하는 그것을 만들어낸 작가이기 때문에, 오로지 그것에 대해서는 확신할 수 있다. 사고의 기원에 추가적인 다른 어떤 것이 있다 할지라도, 그것이 신이나 혹은 다른 곳으로부터 오든지, 내가 확신하는 한 가지는, 사고는 나 자신이 만들었다는 것이다. 데카르트는 처음부터 그의 원칙에 다른 의미를 부여하기 위한 정당화를 하지 않았다. 그가 주장한 한 가지는 사고로서의 나를 이해하는 것은, 세계의 구조 안에서 내 가장 특징적인 고유 활동인 사고 안에서 나를 안다는 것이었다. 추가된 "고로 나는 존재한다."라는 말의 의미는 논란의 대상이었지만 그것은 한 가지 조건에서만 의미가 있다. 어떤 것에 대해 내가 할 수 있는 가장 간결한 주장은, 그것은 존재한다는 것이다. 그것이 어떤 종류로, 어떤 상세한 내용으로 존재하는지는 그 대상이 내 경험 영역 안에 떠오르는 순간 즉각 결정된다. 각각의 대상과 다른 것과의 관계는 그것의 존재에 대한 의미를 판단하기 전에 연구되어 있어야 한다. 하나의 경험은 지각의 집합체일 수도 있고 꿈, 환각 등일 수도 있다. 간단히 말해 어떤 의미로 그것이 존재하는지는 정확히 말할 수 없다. 나는 결코 한 존재의 경험 과정 자체에서는 그 존재가 어떤 종류인지 읽어낼 수 없다. 왜냐하면, 그 과정이 다른 대상과의 관계 속에 있을 때에만 그것을 발견할 수 있기 때문이다. 그러나 이 또한 그 대상과 다른 대상과의 관계에 대한 앎 외의 것을 알려주지는 않는다. 나의 탐구는 한 대상으로부터 내가 알아낼 수 있는 그 대상의 존재 이유를 찾아낼 때에야 확고한 근거를 얻게 된다. 그러한 대상은 내가 사고를 하는 한 나 자신이다. 왜냐하면, 나는 확실하고 자존적인 내 사고 활동의 내용을 통해서만 내 존재의 자격을 얻게 되기 때문이다. 여기서부터 나는 다른 대상들이 같은 이치로 존재하는지 아닌지에 대해 질문해갈 수 있다.

사고가 관찰 대상이 될 때, 흔히 우리가 주의하지 못하는 어떤 것이 세상에 대해 관찰된 내용에 더해지게 된다. 하지만 다른 대상들을 관찰할 때도 적용이 되는 흔히 행해지는 관찰 방법은 조금도 변형되지 않는다. 우리는 관찰 대상의 개수는 늘려가지만, 그 방법에 대해선 늘려가지 않는다. 우리가 다른 것들을 관찰할 때 실재의 운동 과정 중에 평소에는 간과되었으나 이제 관찰에 포함한, 하나의 과정이 나타난다. 다른 모든 과정과는 다른 어떤 것이 존재하게 되는데 이는 고려되지 않는다. 하지만 내가 어떤 것을 사고의 대상으로 만들 때 간과되는 요소는 존재하지 않는다. 왜냐하면, 그 배경에 숨어 있는 것 역시 또 그 사고 자체이기 때문이다. 관찰의 대상은 그것과 직접적으로 연관된 활동과 질적으로 같다. 이것이 사고 과정의 또 다른 특징이다. 우리가 사고 과정을 관찰의 대상으로 둘 때, 우리는 질적으로 다른 무언가에 의해 그렇게 하도록 강요되는 것이 아니라 사고의 영역 안에 여전히 머물러 있다.

하나의 독립적으로 주어진 대상을 중심으로 사고의 조직을 둥글게 뜨개질해갈 때 나는 내 관찰 자체를 초월하게 되고 이어 하나의 질문을 떠올린다. 나는 어떤 권리로 이 과정을 수행하는가? 왜 나는 그 대상이 스스로 나에게 인상을 심도록 수동적인 태도를 취하지 않는 것일까? 어떻게 내 사고는 그 대상에 적절하게 연결될 수 있는 것일까? 이것은 자신의 사고 과정에 대해 깊이 생각하는 사람이라면 누구나

해야 하는 질문이다. 하지만 이런 모든 질문들은 우리가 사고 자체에 대해 생각할 때 차츰 흐려지게 된다. 그렇게 되면 우리는 사고에 어떤 낯선 다른 것을 추가할 필요가 없어지고 그렇기에 더는 추가하지 않는 것에 대한 정당화의 필요도 없어진다.

셸링(Schelling)은 "자연을 안다는 것은 창조한다는 뜻이다."라고 말했다. 이 대담한 철학자의 자연에 대한 발언을 인정한다면, 우리는 영원히 자연에 대한 어떠한 앎은 포기해야 한다. 왜냐하면, 자연은 결국 존재하고 있는데, 만일 우리가 자연을 다시 창조해내야 한다면 우리는 우선 그것이 생겨나게 된 원리들부터 알아야 할 것이다. 그러려면 우리는 우리가 이제 막 만들어내려 하는 바로 그 자연으로부터 그 존재의 기본 조건들을 차용해와야 한다. 그러나 창조 이전에 선행해야 할 이 차용 자체가 자연에 대한 앎일 것이고 또한 차용한 후에는 창조를 위한 시도는 일어나지 않을 것이다. 사전적인 앎이 없이도 창조가 가능한 유일한 종류의 자연이 있다면, 그것은 현존하는 자연과는 다른 종류의 자연일 것이다.

자연에 있어서 불가능한 것, 즉 인식 이전의 창조, 그것을 우리는 사고 행위 안에서 성취한다. 우리가 자연에 대한 첫 번째 앎을 얻을 때까지 사고하는 것을 억제한다면 우리는 절대 사고할 수 없다. 우리는 단호하게 똑바로 사고해야 한다. 그러고 난 후 성찰을 통해 우리 안의 과정에 대한 앎을 얻는다. 이렇게 해서 우리는 스스로 사고 과정들을 창조해내고, 이것을 차후 관찰의 대상으로 삼게 된다. 다른 모든 대상물의 현존은 우리의 활동과는 상관없이 우리 앞에 주어진다.

사고를 앎을 위한 대상으로 삼기 전에 우리는 먼저 사고해야 한다는 나의 견해는, 우리의 소화 과정을 먼저 관찰할 때까지 우리는 소화 과정을 중지시킬 수 없다라는, 겉보기엔 똑같이 유효해 보이는 주장의 반대에 부딪힐 수 있다. 그 주장은 파스칼이 데카르트에게 "나는 걷는다. 고로 나는 존재한다."라고 말할 수도 있다고 반박한 것과 비슷하다. 물론 나는 당연히 소화를 해야 하고 소화의 생리적 과정에 대한 연구가 끝날 때까지 기다릴 수 없다. 내가 만약 이것을 사고를 통한 분석이 아니라 먹고 소화하기로 한다면 나는 이것을 그저 사고의 분석과 비교할 수 있을 뿐이다. 소화가 소화의 대상이 될 수는 없지만, 사고가 사고의 대상이 될 수 있는 것은 이유 없는 것이 아니다.

그렇다면 사고에서 무엇인가 일어나려면 우리의 실존을 요구하는 최소한의 세계 과정이라도 있어야 한다는 것은 반론의 여지가 없다. 그리고 바로 이 점이 중요하다. 사물이 그토록 혼란스럽게 보이는 이유는 그것들의 발생에 나의 역할이 조금도 없기 때문이다. 사물들은 그저 나에게 주어진다. 반면에 나는 내 사고가 어떻게 생겨나는지 안다. 따라서 모든 세계-과정들을 숙고하는 것으로 사고보다 더 근본적인 시작점이 있을 수는 없다. 또한 나는 사고와 관련해 오늘날 널리 퍼져 있는 오류를 언급하려 한다.

흔히 사고는 그 진정한 본성상 경험할 수 없는 것이라고 한다. 우리의 지각을 상호 연결하고 개념 간의 관계망을 조직하는 사고-과정은, 그것을 연구 대상으로 만들기 위해 지각의 대상에서 나중에 뽑아낸 우리의 분석과는 전혀 다르다. 우리가 무의식적으로 사물 안에 엮어넣는 것은 뒤따른 분석이 사물로부터 찾아낸 것과는 큰 차이가 있다고들 한다. 이런 관점을 가지는 사람들은 사고로부터 도망치는 것은 불가능하다는 것을 보지 않는다. 내가 사고를 관찰하려 할 때 나는 사고 밖으로 나갈 수 없다. 우리는 무의식적으로 진행된 사고와 의식적으로 분석된 사고를 구분하는 것은 완전히 외적인 것이며 이 논의와는 무관한 것임을 잊지 말아야 한다. 나는 한 사물을 사고의 대상으로 삼을 때 어떤 식으로도 그것을 변형하지 않는다. 우리와는 꽤 다른 감각 기관과 지적으로 다른 구조를 가진 생명체가 말(馬)에 대해 나와는 아주 다른 관념을 가지고 있으리란 것을 쉽게 상상할 수 있다. 그러나 나는 내 사고를 앎의 대상으로 삼기 때문에 내 사고가 변형된다는 것은 상상할 수 없다. 나는 스스로 내 사고 과정을 관찰한다. 여기서 우리는 내 사고 과정이 나 아닌 다른 지성에 어떻게 보이는가가 아닌 나에게 어떻게 나타나는가에 관해 이야기를 하고 있다. 어떤 경우든, 다른 정신이 만들어낸 나의 사고는 나 스스로 만들어낸 것보다 결코 더

자유의 철학
The Philosophy of Freedom

진실될 수 없다. 만약 사고 과정이 내 것이 아니고 나와 다른 한 존재의 활동이라면, 이런 사고 과정들에 관한 뚜렷한 관념은 내가 만들어낸 것임에도 불구하고 그것의 본질은 내 이해 밖의 것이 될 것이다.

여기까지는 내 사고를 나의 관점이 아닌 다른 관점에서 바라봐야 할 어떤 이유도 없었다. 나는 세계의 다른 모든 부분을 사고라는 도구를 통해 바라본다. 내 사고를 거기서 예외로 두어야 할 이유가 무엇인가?

나는 세계에 대한 이론의 정립을 왜 사고로부터 시작해야 하는지에 대해 충분히 설명했다고 생각한다. 아르키메데스(Archimedes)가 지렛대를 발견했을 때, 그는 그가 만약 그 지렛대를 지지해줄 지점만 발견한다면 지렛대의 경첩으로 온 우주를 들어 올릴 수 있다고 생각했다. 그는 스스로 지지할 지점을 찾고 있었다. 사고 안에서 우리는 자명한 원칙을 가진다. 그러므로 세계를 이해하는 데 있어 우리의 사고를 기점으로 시작해보자. 사고는 사고를 통해 파악할 수 있다. 문제는 사고를 통해 사고가 아닌 다른 것도 파악할 수 있는가이다.

지금까지 나는 사고의 운송 수단인 인간의 의식은 포함하지 않고 사고에 대해 설명했다. 최신 철학자들은 이에 반대하고 사고가 있기 전에 의식이 먼저 있어야 한다고 말할 것이다. 따라서 우리는 사고가 아닌 의식에서부터 출발해야 한다. 그들은 의식이 없이는 사고도 없다고들 말한다. 그에 대한 답으로 사고와 의식의 관계에 대해 설명하기 위해 나는 우선 그것에 대해 사고해야 한다. 그러므로 나는 사고가 선행한다고 본다. 어떤 이는 다음과 같이 응수할 수도 있다. 철학자는 사고를 이해하기 위해 자연스레 사고를 이용하고, 그래서 사고를 선행하는 것으로 보지만, 삶의 일반적인 과정에서 사고는 의식 안에서 일어나는 것이기에 사고에 선행하는 것이라고 말이다. 만약 사고를 만들어내기 직전의 세계의 창조자에게 이 답을 주었다면 의심의 여지없이 일리가 있었을 것이다. 물론 사고는 의식에 앞서 나타날수 없다. 하지만 철학자는 세계의 창조보다는 그것을 이해하는 데 더관심을 둔다. 그러므로 그는 세계의 창조보다는 이해를 위한 출발점을 찾는다. 내게는 철학자들이 이해하려는 대상에 바로 집중하지 않고 무엇보다 먼저 그들의 원칙이 정확한지에 대해 자책하는 것이 매우 이상하게 보인다. 세계의 창조자는 무엇보다 사고의 운송 수단을 어떻게 찾는지를 알고 있어야 했고 철학자들은 주어진 것을 이해하기 위한 단단한 기점을 찾아야 한다. 만약 우리가 사고에 의해 사물의 앎을 얻는 것이 어디까지 가능한지 먼저 묻지 않은 채 의식에서 시작하고 의식을 사고의 대상으로 삼는다면, 이것이 우리에게 무슨도움이 될까?

우리는 우선 사고를 사고의 주체나 대상과 관계 짓지 말고 독립적으로 고려해야 한다. 왜냐하면, 주체와 대상이라는 것 역시 모두 사고에 의해 정립된 개념들이기 때문이다. 다른 어떤 것이 이해되기 전에 사고부터 이해되어야 함은 부정할 수 없다. 이를 부인하는 사람은 인간이 창조 사슬의 첫 번째 고리가 아닌 마지막임을 깨닫지 못한 것이다. 따라서 우리는 개념의 도움을 통해 세계를 설명하려면 기원에 나타난 존재의 기본 요인이 아니라 우리와 가장 가깝고 친밀하게 연결된 것에서부터 시작해야 한다. 우리는 갑자기 비약해서 세계가 시작한 곳으로 가 그것을 분석할 수는 없고, 현재에서 출발하여 여기에서 앞으로 나아갈 수 있는지 살펴야 한다. 지질학이 현재 지구의 상태를 환상적인 혁명의 이야기로 설명하였지만, 그것은 모두 어둠 속에서 더듬어 찾아낸 것이다. 지질학은 현재 지구에서 일어나고 있는 과정들을 연구하기 시작하면서부터 과거로 따져나가며 단단한 토대를 쌓았다. 철학이 원자, 움직임, 물질, 의지, 무의식과 같은 모든 종류의 원칙들을 추정하는 한 이 문제는 해결되지 못한다. 철학자는 시간 순에서 가장 마지막 것을 자기 이론의 첫 번째 것으로 받아들일 때만 자기 목적을 이룰 수 있다. 세계-과정의 이 마지막 것이 사고다.

사람들은 사고의 옳고 그름은 확실히 알 수 없는 것이어서 아직 우리의 출발점이 의심스러운 것이라 말한다. 그러나 이것은 하나의 나무 그 자체가 옳은지 그른지 의심하는 것 정도의 똑똑함과 같은 것이다. 사고는 하나의 사실이기에 그 사실에 대해 진실과 거짓을 따지는 것은 의미가 없다. 나는 기껏해야 특정한 나무가 목재로서 이러저러한 유용한 물체를 만들기 위해 제대로 사용되었는지를 의심해보는 정도로 사고가 제대로 취급되었는지 의문일 뿐이다. 이 책의 목적 또한 세계에 대한 사고의 적용이 얼마나 옳고 그른지를 보여주는 것이다. 나는 사고의 도움으로 세계에 대한 앎을 얻을 수 있는지에 대해 의문을 품는 사람은 이해한다. 하지만 사고 자체가 정당한 것인가에 대해 의심하는 사람은 이해할 수 없다.●

● 의식(意識/consciousness)과 사고(思考/thought): '의식'은 동서양 모두에서 감각의 일종이다. 불교 유식론에서는 안(眼)/이(耳)/비(鼻)/설(舌)/신(身)/의(意)를 모두 감각 기관으로 본다. consciousness의 어근적 의미도 감각지각을 관념으로 모아낸다는 것이다. 감각지각은 정신의 능동 작용이 아니라 반응적이고 수동적인 작용이다. 즉 그것은 '떠오른다'.
반면 '사고'는 의식된 것의 저장물인 기억을 바탕으로 이를 이해, 평가, 판단하는 능동적 작용이다. 그러므로 사고 행위는 본성상 '되돌아본다'. 이런 반추가 가능하려면 그 전에 관념을 대상화하는 작업을 먼저 해야 한다.
슈타이너는 인간의 앎이 의식이 아니라 사고를 출발점으로 삼는다고 강조한다. 시간 순서상 의식이 선행했다 하더라도 인간 정신의 특징으로서 사고가 작용함으로써만 앎이 가능하므로, 의식이라는 대상 감각에 기인하고 수동적인 '상상된 기원'에서 출발하지 않고 사고라는 주체 행위에 기인하고 능동적인, 스스로 창조한 '자명한 현재'를 바탕으로 앎이 이루어진다는 것이다. '과거에서 현재로'의 방향이 아니라 '현재에서 과거로' 거슬러가는 과정이 앎의 필연적 형성 방식이라는 주장이다. 자연스러운 의식 성장 과정은 표상-기억-개념과 논리의 순서를 따르는 반면 앎은 사고를 통해 역순으로 해석하는 과정으로 보는데, 이것이 필연이라는 그의 주장은 인간 발달 단계에 대한 거시적 판단과도 연결되어 있다.
한편, 이런 슈타이너의 앎의 원칙은 그의 철학을 바탕으로 구성된 발도르프 교육에도 그대로 적용된다. 가령, 교사, 학생 모두 필요한 일상 훈련으로 '돌아보기'를 강조하는 것, 커리큘럼의 구성이 학생의 발달 단계의 현재를 기준으로 그 직전 단계를 이해하도록 유도하는 것 등이 예다.

자유의 철학
The Philosophy of Freedom

5

지각 대상으로서 세계

사고의 생산물은 개념들과 관념들이다. 하나의 개념은 말로는 표현될 수 없다. 말이란 단지 우리가 개념을 가진다는 것에 주의를 기울이게 하는 것 이상을 하지 못한다. 누군가 나무를 지각할 때 그 지각은 사고의 자극제 역할을 한다. 그렇게 한 개의 관념적 요소가 지각된 대상물에 더해지고 지각하는 이는 그 대상과 그것의 관념적 보완 요소를 서로 속한 것으로 생각한다. 만일 지각 대상이 그 사람의 지각의 영역에서 사라진다면 관념적 대응물만 홀로 남는다. 그것이 바로 그 대상의 개념이다. 우리의 경험이 더 풍부해질수록 우리에게 개념이 더 많이 쌓인다. 게다가 개념이란 서로 격리된 채 찾아지는 것들이 아니다. 그것들은 질서 있고 구조화된 전체를 만들기 위해 서로 합쳐진다. 예를 들어 "유기체"라는 개념은 "법칙에 따른 발달"과 "성장" 그리고 다른 것들이 합쳐진 것이다. 개별 대상들에 기초를 둔 다른 개념들은 서로에게 완전히 녹아든다. 개별적 사자에 대해 만들어진 모든 개념들은 "사자"라는 보편적인 개념 안에 녹아드는 것이다. 이런 식으로 흩어져 있는 각각의 개념들이 결합하여 각자의 특별한 자리를 차지하며 폐쇄적 개념 체계를 만든다. 관념(ideas)들은 질적으로 개념들과 다르지 않다. 관념은 다만 좀 더 꽉 차고 포괄적인 개념들인 것이다.● 나는 사고라는 수단을 통해 첫 단계에서 얻어지는 개념이나 관념들이 아닌 사고를 내 출발점으로 삼는다는 사실을 강조하고자 한다. 관념과 개념들은 사고를 전제로 한다. 그러므로 자립적이고 자기충족적인 사고의 특징에 대한 내 발언은 단순하게 개념으로 전환될 수 없다.(이를 특별히 언급하는 이유는 개념을 최우선하고 궁극적인 것으로 취급한 헤겔과 나와 차이가 있기 때문이다.)

개념들은 지각에서 끌어낼 수 없다. 이것은 사람이 자라면서 천천히 그리고 점진적으로 그를 둘러싼 대상들에 대한 개념을 쌓아간다는 사실을 보면 알 수 있다. 개념들이 지각에 더해진다.

● 대상 인식의 출발점은 감각이다. 이 감각에서 얻은 형상적 이미지에 감정이 더해진 것을 표상이라 한다. 이 표상에 개인의 가치 해석이 개입한 일체의 정신적 산물을 관념이라 한다. 따라서 관념은 본질적으로 '개별적'이다. 이러한 개별적 관념을 통해 얻은 앎을 지각(percept)이라한다. 이를 다시 추상화하고 보편적 쓰임새로 재정립한 것이 개념이다. 개념(concept)은 관념의 개별성을 극복하고 보편성을 강화해서 얻은 것이다. 관념이 '꽉 차고 포괄적'이라는 표현은 감각 체험의 내용이 다양하고 많이 내포되었다는 뜻이다. 추상화된 개념으로 가면 이 풍성함이 핵심 중심으로 간명하게 처리된다. 칸트철학에서는 지각을 '직관'이라 했고, '직관 없는 개념은 공허하다.'라는 명제로 같은 뜻을 표현했다. 반대로 '개념 없는 직관은 맹목적이다.'라는 표현도 자연스럽게 연결해서 이해할 수 있다. 개념은 보편성을 나타내고 보편적 인식을 얻는 것이 인식의 목적이라고 할 때 개념이 없으면 실현할 목적이 성립하지 않기에 이렇게 표현할 수 있었다.

최근 널리 읽히고 있는 철학자 허버트 스펜서는 지각에 대해 다음과 같이 말했다.

"만약 9월의 어느 날 들판을 걷다가 당신의 몇 야드 앞에서 바스락거리는 소리가 들려, 그 소리가 나는 웅덩이 쪽을 바라보고 흔들리는 목초를 보았다면 당신은 아마 이 소리와 움직임이 일어나는 곳이 어딘지 알기 위해 그쪽을 향하게 될 것이다. 그리고 그쪽으로 다가가 거기서 푸드덕거리는 자고새를 보게 된다면 당신의 호기심은 충족될 것이다. —그리고 당신은 현상에 대한 설명이라 부르는 것을 갖게 된다. 주목하라. 이 설명은 다음에 이른다.—당신은 살면서 작고 고정된 물체들이 움직이는 다른 물체들과 함께하며 셀 수 없을 만큼 많이 방해받는 경험을 갖고 이 방해들과 움직임 간의 연관성을 일반화하며 살아왔을 것이다. 당신은 이 특정 방해를, 현재 그와 같은 연관성을 가진 어떤 사례를 발견함으로써 설명됐다고 생각한다."(『제1원리 1장』, 23쪽)

그러나 더 면밀한 분석은 위에 주어진 것과는 아주 다른 설명으로 이끈다. 그 소음을 들었을 때 나의 첫 번째 요구는 그 지각에 들어맞는 개념을 찾고자 하는 것이다. 이 개념 없이 그 소음은 그저 단순한 소음일 뿐이다. 여기서 더 깊게 생각하지 않는 사람은 단순히 그 소음을 듣고 거기에 만족한다. 하지만 내 사고는 그 소음을 어떠한 하나의 결과로 여겨야 함을 분명히 알려준다.

따라서 내가 그 결과에 대한 개념과 그 소음에 대한 지각을 합쳐야만 나는 그 지각을 뛰어넘어 그것의 원인을 찾아낼 수 있다. "결과"의 개념은 "원인"의 개념을 불러일으킨다. 그리고 다음 단계로 나는 말하자면 자고새에서 그 담지자를 찾게 된다. 그러나 원인과 결과라는 이런 개념들은 아무리 많은 사례를 검토하더라도 단순한 지각만으로 얻을 순 없다. 지각은 사고를 떠오르게 한다. 그리고 그것이 내게 흩어진 각각의 경험들을 어떻게 이을지 보여준다.

만일 어떤 이가 "철저히 객관적인 과학"만을 요구해 자료를 지각에서만 가져와야 한다고 하면 그는 다른 모든 사고들도 버릴 것을 주장해야 할 것이다. 그러나 사고는 그 본성 자체가 지각의 대상들을 초월한다.

이제 사고에서 사고하는 사람으로 넘어갈 차례다. 왜냐하면, 사고와 지각을 합치는 것이 바로 사고하는 사람이기 때문이다. 사람의 마음은 개념과 지각이 만나 서로 이어지는 무대다. 이 표현을 통해 우리는 이미 (사람의) 의식을 특징짓는다. 의식은 사고와 지각을 중개한다. 지각할 때 대상물은 주어진 것으로 나타나고, 사고할 때 사람의 마음은 그 자체가 능동적인 것으로 보여진다. 의식은 그 사물을 대상으로 여기고 의식 자체는 사고의 주체로 여긴다. 사고가 지각의 세계로 향할 때, 우리는 대상들에 대한 의식을 갖는다. 그리고 사고가 스스로를 향할 때, 우리는 자의식을 갖는다. 사람의 의식은 필연적으로 자의식과 같이 있다. 왜냐하면, 그것은 사고하는 의식이기 때문이다. 사고는 활동 중인 스스로를 바라볼 때, 자신의 본성상 탐구를 위한 대상을 만들어내기 때문에 그 자신의 대상을 주체로 만든다.

나를 주체로 정하고 대상들과 나 자신을 대조하도록 하는 것은 오직 사고를 통해서만 가능하다는 점에 주목하는 것이 중요하다. 따라서 사고를 단지 주관적 활동 정도로 여겨서는 안 된다. 사고는 주체와 대상의 경계를 뛰어넘는다. 사고는 다른 모든 개념을 만들어내는 것처럼 이 두 가지의 개념들도 만들어낸다. 그러므로 사고의 주체인 나는 한 대상에 대한 개념을 찾고자 할 때, 이 다루고 있는 내용이 순수하게 주관적이라고 여겨서는 안 된다. 그 참고 내용을 만들어내는 것이 주체가 아닌 사고이기 때문이다. 주체는 사고하기 때문에 주체인 것이 아니라 오히려 사고할 수 있어서 자신을 주체로 삼는다. 따라서 의식 활동은 그것이 사고하는 한 단순히 주관적인 활동이 아니다. 오히려 주관적이지도 객관적이지도 않은 것이며 두 개의 개념을 모두 뛰어넘는다. 나는 한 개인이자 주체로서 사고한다고 말하기보다 사고의 은총으로 주체로서 존재한다고 말해야 한다. 사고는 나를 자신으로부터 꺼내 대상들과 이어준다. 동시에 그것들로부터 나를 분리하고 주체로서 대상들과 반대에 놓이게 한다.

이것이 바로 인간의 양면적 본성을 이루는 것이다. 사고는 사고하는 이와 나머지 온 세계를 모두 끌어안는다. 하지만 이 사고라는 같은 행위를 통해 인간은 대상이 되는 세계와 대조해 자신을 한 개인으로 결정한다.

우리는 이제 우리가 단순히 지각 대상이라 부르는 다른 요소들이 의식 안에서 어떻게 사고 안으로 들어오고 만나는지에 대해 물어야 한다.

이 질문에 답하기 위해 우리는 먼저 의식의 영역에서 사고를 통해 들어온 모든 것을 지워내야 한다. 언제나 의식의 내용은 가장 다양한 방식으로 쏟아진 개념들로 가득 차 있다.

인지가 완전히 발달한 하나의 개체가 어디선가 생겨 세계를 마주하고 있다고 가정해보자. 그의 사고가 작동하기 전의 지각물들은 순수한 지각의 내용물일 것이다. 이 개체에게 세계는 그저 혼란스럽게 쌓여 있는 감각 정보, 색깔, 소리, 압력과 온기, 맛, 냄새의 느낌 그리고 마지막으로 기쁨과 고통의 느낌들로 나타날 것이다. 이 혼돈 덩어리는 순수하게 사고되지 않은 지각으로서 세계를 구성한다. 그 반대에는 공격의 지점을 찾자마자 활동을 개시할 준비가 된 사고가 서 있다. 경험은 그 기회가 머지않아 곧 올 것을 말해준다. 사고는 하나의 정보로부터 다른 정보로의 끈을 이끌어낼 수 있다. 사고는 그 정보들과 관련된 분명한 개념들을 불러오고 정보 간의 관계를 정립한다. 우리는 첫 번째를 두 번째의 결과로 식별함으로써 우리가 듣는 소음이 다른 내용과 어떻게 연결되는지를 보았다. 이제 우리가 사고의 활동을 단순히 주관적인 것으로 치부해서는 안 된다는 점을 떠올려 본다면 사고가 만들어내는 관계들 역시 그저 주관적으로만 유효하다고 생각해서는 안 될 것이다.

우리의 다음 과제는 사고가 위에서 말한 즉각적 감각 정보와 의식의 주체를 어떻게 관계짓는지 발견하는 것이다.

지금 내 발언은 모호한 점이 있어서, 다음에 말하려는 단어의 의미와 관련해 독자들과 합의해두는 것이 바람직하겠다. 나는 주체가 의식적으로 그것들을 파악하는 한, 위에 열거한 즉각적 감각 정보들을 "지각들"이라 부르겠다. 그 후에야 나는 지각의 과정이 아니라 그 과정의 대상을 "지각"이라 부를 수 있다.

나는 생리학상의 "감각"이란 용어는 나의 용어인 "지각"보다 좁게 정의된 뜻을 가지고 있어 그 용어는 쓰지 않으려 한다. 나는 느낌을 하나의 지각이라 말할 수 있겠지만 생리학적 용어인 감각이라 말할 수는 없다. 내가 나의 느낌을 인식하려면 그것은 반드시 내게 하나의 지각이어야 한다. 우리가 관찰을 통해 사고 과정에 대한 앎을 얻는 방식은 우리가 사고를 처음 알아차릴 때와 같고 그 또한 하나의 지각이라 할 수 있다.

경솔한 사람은 그의 지각들을, 그 외형이 나타나자마자 완전히 독립된 존재인 것처럼 여긴다. 그가 나무 한 그루를 볼 때 그는 나무가 그가 보는 형태대로 그 앞에 서 있고, 그의 시선이 향하는 그 즉시 보이는 모든 부분의 색깔대로 존재한다고 믿는다. 같은 이가 지평선에서 원반 모양으로 나타난 아침 해를 보았고 이 원반의 과정을 따라간다면 그는 이 현상이 그가 지각한 그대로 전개된다고 믿을 것이다. 그는 앞서 지각된 것들에 대조되는 것들을 지각하기 전까지는 이 믿음을 고수할 것이다. 거리에 대한 경험이 없는 아이는 손을 뻗어 달을 잡으려 할 것이고 이 첫 번째 느낌에 대조되는 두 번째 느낌을 지각하지 않는 한 이 첫 번째 느낌을 바로잡지 않을 것이다. 우리는 이것을 일상에서 그리고 인류의 정신 발달에서 늘 볼 수 있다. 고대인들이 그들과 지구, 해 그리고 다른 천체들의 관계에 대해 그려놓은 것들은 코페르니쿠스가 이전 시대의 지각들과는 대조되는 것을 발견한 이후 대체되어야 했다. 장님으로 태어난 한 사람이 프란츠 박사에 의해 수술을 받은 후 한 말에 의하면, 그가 수술 전 손의 감각으로 가늠했던 물체들의 크기는 실제 바라본 크기와는 아주 다르다고 했다. 그는 촉감으로 지각된 것들을 시각으로 지각된 것으로 수정해야만 했던 것이다.

어째서 우리는 우리가 관찰하는 것에 대해 끊임없이 수정해야만
하는 것일까?

하나의 생각이 이에 대한 답을 줄 수 있다. 내가 한 길의 끝에 서
서 바라보는 다른 쪽 끝에 있는 나무들은 나와 가까이 있는 것들보다
더 작고 더 몰려 있는 것으로 보인다. 그러나 그 광경은 내가 바라보
는 위치가 바뀜에 따라 변한다. 나에게 나타나는 그 대상의 정확한 형
태는, 그러므로 그 대상의 타고난 본성대로가 아닌 바라보는 이의 상
태에 따라 달라지는 것이다. 내가 서 있는 길에 대해서도 마찬가지다.
내게 주어지는 광경은 근본적으로 내가 선 지점에 따라 다르다. 똑같
이 인류가 지구에서 태양계를 인지할 때도 위와 다르지 않다. 그러나
천국에 대해 인류가 갖는 상은 우리가 사는 지구의 관습에 의해 결정
된다. 우리의 지각이 관점에 의존한다는 것은 가장 이해하기 쉬운 의
존성의 한 예다. 우리가 지각하는 세계가 우리의 몸과 정신의 조직에
따라 달라짐을 깨달을 때 이 문제는 더 어려워진다. 물리학자들은 우
리가 소리를 듣는 공간 안에 소리의 원인이 되는 공기의 진동이 있
고 우리 몸의 미립자에도 진동이 있다고 가르친다. 이런 진동은 우리
가 정상적으로 귀를 발달시켰을 때에만 소리로 지각된다. 그런 기관
이 없다면 세계는 영원히 고요할 것이다. 또, 물리학자들은 우리를 둘
러싼 환상적인 색깔의 향연을 지각하지 못하는 사람들이 있다는 것을
알려준다. 그들의 세계에는 오직 빛과 어둠 정도만 있다. 다른 어떤

이들은 오직 한 가지 색만 보지 못한다. 예를 들면 빨강. 그들의 세계에는 오직 이 색만 없어서 평균적인 사람들이 보는 세계와는 또 다른 것이다. 나는 내 관찰 위치에 의해 지각한 세계가 달라짐은 "수학적"인 것이고 내 유기체에 의한 달라짐은 "질적인 것이다"라고 부르고자 한다. 전자는 내가 지각한 것들에 대한 상호간의 거리와 크기의 배율을 결정하고 후자는 그것들의 특징을 결정짓는다. 내가 빨간 표면을 빨강다고 보는 것은—이것은 질적인 결정이다—내 눈의 구조에 따라 달라진다.

그렇다면 내가 지각한 것들은 우선 주관적인 것이다. 우리가 지각하는 것들의 주관적인 특징을 먼저 인지하게 되면 우리는 애초에 그것에 대한 객관적인 근거가 있는가에 대해 쉽게 의심하게 된다. 예를 들어 빨강 혹은 어떤 색에 대한 지각은 특정한 신체 구조 없이는 불가능하다는 것을 안다면 우리의 주관적인 신체 구조 외 존재하는 것은 없고 특정 대상을 지각하는 행위와 별개의 존재는 전혀 없다는 것을 쉽게 알게 된다. 이 이론의 고전적인 대표는 지각의 주체에 대한 중요성을 깨달은 순간 더 이상 우리는 의식하는 정신 외의 존재에 대해 믿을 수 없게 된다고 주장한 조지 버클리다.

"어떤 진리들은 의식에 너무나 가까이 있고 쉽게 보이기 때문에 그것을 보기 위해서 인간은 그저 눈을 뜨기만 하면 된다. 이것이 중요한 이유는 천상의 소리와 지상의 장식물들은—한마디로 이 웅장한 세계를 구성하는 모든 물체들—마음이 없이는 실재성이 없기 때문이다. 내가 천상의 소리와 지상의 장식물들이 마음 없이는 아무 실재성이 없다는 이 중요한 점을 받아들인다면 그리고 그 존재가 지각되거나 알려진 것이라면, 그렇다면 즉, 그것들이 나에 의해 지각된 것이 아닌 한, 나나 다른 피조물의 마음에 존재하지 않는 한, 그들은 어디에도 존재하지 않는 것이거나 영원한 신성의 마음 저변에 깔린 것이다."(버클리, 『인간 앎의 원칙들』, 1장 6절)

이 관점에서는 우리가 지각하는 행위를 떼고 보면 지각한 것에는 아무것도 남지 않는다. 아무것도 보지 않으면 색은 없고 아무것도 듣지 않으면 소리 역시 없다. 확장, 형태, 움직임은 지각하는 행위가 없이는 색과 소리만큼 미미하게 존재한다. 우리는 절대 확장이나 모양만을 지각하지는 않는다. 이것은 언제나 색 혹은 다른 질적인 것과 합쳐져 있고, 주체에 따라 달라짐은 의심의 여지가 없다. 우리가 지각하기를 멈춰 후자의 요소들이 사라지면 이것과 연결된 전자 역시 사라진다.

모양, 색, 소리 등이 지각하는 행위 없이는 존재하지 않는다 해도 우리 마음속에서 지각과 비슷한 것들은 지각과 별개로 분명히 존재한다. 그러면 우리가 보는 광경은 하나의 색은 또 하나의 색과 비슷하고, 하나의 모양은 또 하나의 모양과 비슷한 것이었을 뿐이다. 우리가 지각한 것들은 다른 것이 아닌 우리의 지각과 비슷할 뿐이다. 우리가 사물이라고 부르는 것 역시 이미 정의된 방식으로 연결된 지각들의 모음일 뿐이다. 내가 만약 탁자의 모양, 길이, 색 등 쉽게 말해 나의 지각들을 걷어내고 나면 아무것도 남지 않는다. 이런 관점의 논리적 결론을 따라가 보면, 내 지각의 대상물들은 오직 나를 통해서만 존재하고 내가 그것들을 지각하는 한에만 존재한다는 주장에 이른다. 그것은 내 지각과 함께 사라지고 지각 없이는 아무런 의미가 없다. 나는 내가 지각한 것들 외에 어떤 대상도 알지 못하고 그 어떤 것도 알 수 없다.

이 주장은 우리가 지각하는 것들은 지각하는 주체의 조직 구성에 따라 부분적으로 결정된다는 일반적 사실의 측면에서는 반대할 수 없다. 만약 우리가 지각의 발생에서 우리의 지각이 정확히 어떤 역할을 하고 있는지 말할 수 있다면 문제는 훨씬 다를 것이다. 우리가 대상을 지각하는 동안 지각에 어떤 일이 일어나는지 알려면 그것이 지각되기 전에 어떤 특징을 가지는지 정할 수 있어야 한다.

이는 우리의 관심을 지각의 대상에서 그 주체로 돌린다. 나는 다른 것들뿐 아니라 나 자신도 알아차린다. 나 자신에 대한 지각의 내용은 무엇보다 먼저, 늘 오고 가는 지각 대상들의 흐름과는 대조적으로 안정적인 어떤 것으로 구성된다. 의식 속에서 나 자신에 대한 알아차림은 다른 지각들에 대한 알아차림과 함께 온다. 내가 주어진 한 대상의 지각에 흠뻑 빠져 있는 동안에는 나는 오직 이 대상만 알아차린다. 그 다음 나는 나 자신을 알아차린다. 그러고 나면 나는 대상뿐 아니라 대상을 관찰하며 반대에 서 있는 내 주체(主體)를 의식한다. 나는 단순히 나무만 보는 것이 아니라, 그것을 보는 나 또한 안다. 게다가 내가 그 나무를 볼 때 어떤 과정이 내 안에서 이뤄짐을 안다. 그리고 나무가 내 시야에서 사라질 때 이 과정의 여파, 즉 나무의 형상이 남는다. 이 형상은 내가 지각하는 동안 주체와 결합된다. 주체(主體)는 풍부해지고 그 내용에 새로운 요소가 더해진다. 이 요소를 나는 나무에 대한 내 생각이라 부른다. 내가 만약 주체에 대한 알아차림이 없다면 나는 결코 생각을 말할 수 없을 것이다. 지각은 오고 가며 나는 그것들을 그냥 흘려보낼 것이다. 내가 대상의 지각을 주체 내용의 변화와 연결하지 않을 수 없고 생각을 가졌다고 말하게 되는 것은, 내가 주체를 알아차리고 매 지각마다 주체의 내용이 변하는 것을 관찰하기 때문일 뿐이다.

내가 생각을 가진다는 것은 나에게 다른 대상들이 색이나 소리 등을 가지는 것과 같이 관찰에 관한 문제다. 나는 이제 외부 세계라는 이름으로 나와 마주하는 다른 대상들과 달리 내면에 있는 주체에 대한 지각 내용을 분별할 수 있다. 생각과 대상의 진짜 관계를 알지 못했던 것이 현대 철학에 가장 큰 오류를 불러일으켰다. 주체가 변형을 겪는다는 것, 내 안의 변화를 내가 지각한다는 사실은 그 수정의 원인이 된 대상은 완전히 무시된 채, 전면에서 주목을 받았다. 그 결과로, 우리는 대상이 아닌 우리의 생각을 지각한다고 알려졌다. 나는 탁자를 지각할 때 내 안에서 일어나는 변화를 알 뿐, 내 지각의 대상인 탁자 자체에 관해 그 어떤 것도 알지 못한다는 것이다. 이 이론을 위에서 언급한 버클리의 것과 혼동해서는 안 된다.

버클리는 지각한 내용의 주관성에 대해 인정했지만 사람은 오직 자기의 생각만 안다고 말하지는 않았다. 그는 사람의 앎을 자기의 생각 안으로 국한했다. 왜냐하면, 그에 따르면 생각들 외에 대상은 없기 때문이다. 버클리에 의하면 내가 탁자를 바라보기를 멈추는 순간 지각했던 탁자는 더 이상 존재하지 않는다. 이것이 바로 버클리가 우리의 지각은 오직 신의 전능으로 만들어진 것이라 주장하는 이유다. 신이 나의 지각을 만들어줬기 때문에 내가 이 탁자를 보는 것이다. 따라서 버클리에게는 신과 인간 영 외에는 아무것도 존재하지 않는다. 우리가 "세계"라 부르는 것은 오직 영으로만 존재한다. 순진한 사람들이 외부 세계 혹은 물질 속성이라 부르는 것은 버클리에게 존재하지 않는다. 이 이론은 우리의 생각 외에 아무것도 존재하지 않아서가 아니라, 인간은 매우 체계적이어서 자신 안의 변화에 대한 앎을 알아차릴 뿐 그런 변화의 원인이 되는 대상 그 자체에 대해 알지 못하고, 그렇기에 세계에 대한 우리의 앎을 우리의 생각들로 국한하자고 하는, 현재 지배적인 칸트철학의 관점과 만난다. 이러한 관점은 내 생각으로부터 독립된 실재가 아니라 오직 내 생각들만 알 수 있고 주체는 그러한 실재에 대한 직접적인 앎을 가질 수 없다는 결론으로 이어진다. 마음은 오직 "대상을 형상화하고, 가정하고, 알고 혹은 제대로 아는데 실패하기도 하는 주관적인 사고의 매개를 통해서"만 안다.(리버만, 『실재의 분석』, 28쪽) 칸트주의자들은 즉각적으로 분명해지는 이 원칙들이 증거가 없어도 매우 확실하다고 믿는다.

"철학자가 분명히 파악해야 하는 가장 근본적인 원칙은 우리의 앎이 우리의 생각 너머로 확장되지 않는다는 점을 인식하는 것에 있다. 우리의 생각들은 우리가 즉각적으로 경험하는 것들이고 즉각적인 경험이기 때문에 아무리 근본적으로 의심해봐도 우리는 이 생각을 떠날 수 없다. 반면에, 내 생각을 초월하는 앎은—여기서 앎을 모든 물리적 과정까지 포함하는 가장 넓은 의미로 해석했을때—의심에 반하는 증거가 아니다. 따라서 우리는 모든 철학을 시작할 때 관념을 뛰어넘는 앎을 반드시 내려놓고 의심의 여지를 남겨두어야 한다."

이 문장은 요하네스 폴켈트의 저서 『칸트의 지식론』 첫 구절이다. 여기서 제언한 당연하고 자명한 진실은 실제로는 다음과 같이 흘러간 논쟁의 결론이다. 단순한 상식에 따르면 대상들은 우리가 지각하는 것처럼 우리 마음 밖에도 존재한다. 그러나 물리학, 생리학 그리고 철학은 우리의 지각이 우리 몸의 조직에 따라 달라지고, 그래서 우리는 신체 조직이 우리에게 전송해주는 것 외에는 외부의 어떤 대상도 알 수 없다는 것을 가르쳐준다. 따라서 대상들은 우리 신체 조직이 변형한 결과물들이지 고유한 대상 그 자체가 아니다. 이런 사고방식은 에두아르트 폰 하르트만이 구체화한 식으로는, "우리는 오직 우리의 고유한 생각들만으로 직접적인 앎을 가질 수 있다."는 확신에 이르게 한다.(『인식론의 기본 문제』, pp. 16-40) 우리는 신체 밖의 공기와 입자의 진동을 소리로서 지각하기 때문에, 우리가 소리라 부르는 것은 외부 세계의 움직임에 대한 신체의 주관적 반응일 뿐이라고 결론 내릴 수 있다. 비슷하게, 색과 열도 우리 신체 조직의 변형으로 추론할 수 있다. 나아가 이 두 가지에 대한 지각은 모든 항성 사이를 채우고 있는 무한히 작은 물질, 에테르의 움직임의 영향이라 할 수 있다. 이 에테르의 진동이 내 피부 신경 세포를 자극할 때 나는 그것을 열로 지각하고, 내 시신경을 자극할 때 나는 그것을 빛과 색으로 지각한다. 빛과 색과 열은 그러므로 외부 자극에 대한 내 감각 신경의 반응이다. 비슷하게, 촉각은 외부 세계의 대상물이 아닌 내 몸의 상태를 알려주는 것뿐이다. 물리학자는 우리 신체가 분자라는 무한히 작은 입자들로 구성되어 있고 이 분자들은 직접 연결되지 않고 특정한 간격을 두고 존재한다고 주장한다. 그러므로 분자 사이는 빈 공간이다. 이 공간을 중심으로 서로 밀고 당기며 존재한다. 만일 내가 손을 어떤 몸에 가져다 대면, 내 손의 분자들은 결코 그 몸을 직접적으로 만질 수 없고, 내 손과 그 몸 사이에는 특정한 거리가 있게 된다. 그리고 내가 그 몸으로부터 느끼는 저항감은 그 몸의 분자들이 내 손에 가하는 반발력의 영향이다. 나는 그 몸에 대해 절대적으로 밖에 있고 그 몸이 내 신체 조직에 가하는 영향만을 경험할 뿐이다.

뮐러가 발전시킨 특정 신경 에너지(Specific Nerves Energy)라는 이론은 이러한 추측을 보충한다. 그 이론은 각 감각이 모든 외부 자극에 대해 오직 한 가지 정해진 방식으로만 반응하는 특이점이 있다고 주장한다. 만일 시신경이 자극받으면 그 자극이 실제 우리가 빛이라 부르는 것이든 아니면 기계적 압력이든, 빛이라는 감각으로만 나타난다는 것이다. 반면 같은 외부 자극이 다른 감각 신경들에 주어지더라도 다른 감각을 느끼게 한다는 것이다. 이러한 사실의 결론은 우리의 감각 기관들은 그 기관 안에서 일어나는 앎에 대해서만 알려줄 뿐, 외부 세계에 대한 앎은 주지 못한다는 것이다.

심지어 생리학은 한 발 더 나아가, 우리는 대상이 우리의 감각 기관에 만드는 영향에 대한 어떤 직접적 앎도 가질 수 없다는 점을 보여준다. 생리학자는 몸에서 일어나는 과정에 대한 연구를 통해 이 끊임없는 과정의 영향은 감각 기관에서도 가장 다양한 방식으로 변형된다는 것을 발견했다. 우리는 이것을 눈과 귀를 통해 가장 명확하게 알 수 있다. 둘은 매우 복잡한 기관으로서 외부 자극을 각각의 신경으로 전달하기 전, 자극의 상당 부분을 변형한다. 변형된 자극은 말초 신경에서 뇌로 전달된다. 여기서 중추 신경이 차례로 자극받는다. 그러므로 외부의 과정은 우리 의식에 도달하기 전 연쇄적인 변형의 과정을 거친다는 결론이 나온다. 뇌에서의 처리 과정은 외부 자극과 너무나 많은 중간 고리들로 이어져 있어 어떠한 유사성이 존재한다는 것은 불가능하다. 뇌가 궁극적으로 혼에 전달하는 것은 외부의 과정들도, 감각 기관 내의 과정들도 아닌 뇌에 일어나는 것들뿐이다. 그러나 이마저도 혼에서 바로 이해되지 않는다. 우리가 의식에 떠올리는 것은 뇌의 과정들이 아니라 감각들이다. 빨강에 대한 내 감각은 내가 빨강을 감각할 때 뇌에서 일어나는 과정과 어떠한 유사점도 없다. 다시 말하지만 그 감각은 내 마음 안에서 결과로서 일어나고 뇌에서의 과정은 오직 그 원인일 뿐이다. 이것이 바로 하르트만(『인식론의 기본 문제』, 37쪽)이 "주체가 경험하는 것은 자신의 심리 상태의 변형일 뿐 다른 것이 아니다."고 말한 것이다. 여하튼 내가 감각을 느낄 때 그 감각들은 내가 "사물들"이라 지각하는 복합체로 묶여 있는 것과는 아직 거리가 있다. 뇌를 통해서는 나에게 오직 한 가지의 감각만이 전달된다. 단단함과 부드러움의 감각은 촉각 기관을 통해 나에게 전달되고 빛과 색은 시각 기관을 통해 전달된다. 그러나 이 모든 것은 하나의 대상에 통합된 채 발견되는 것들이다. 이 통합은 혼 자체에 의해 유발된 것이어야만 한다. 즉, 혼은 뇌가 전달하는 개별적 감각들로 사물을 구성한다. 뇌는 시각, 촉각, 청각적 감각들을 개별적으로 그리고 광범위하게 다양한 경로로 나에게 전달하고 혼은 이것을 트럼펫이라는 하나의 관념으로 묶어낸다. 그러므로 이 과정의 결과는 (예: 트럼펫이라는 관념) 사실 내 의식에게는 최초로 전달되는 자료다. 이 결과에는 원래 내 밖에 존재했고 내 감각 기관을 자극했던 것들은 더 이상 찾을 수 없다. 외부의 대상은 나의 뇌로 그리고 뇌를 통해 혼으로 가는 과정에서 완전히 사라진다.

아마 인간의 어림짐작의 역사 안에서 이런 생각보다 뛰어난 독창성으로 지어졌지만 자세히 들여다보면 허무하게 무너질 또 다른 사고 체계를 찾기는 힘들 것이다. 이것이 구축된 방법을 자세히 살펴보자. 이 이론은 순수한 의식에 주어진 것에서부터 시작한다.(예: 지각된 것들)

이것이 계속해 주장하는 바는, 만약 우리에게 감각 기관이 없다면 우리가 대상들에서 찾아내는 특성들이 존재조차 하지 않는다는 것이다. 눈이 없다면 색도 없다. 따라서 색은 눈에 영향을 주는 자극 안에 아직 있지 않다. 색은 먼저 눈과 대상의 상호작용을 통해 일어난다. 따라서 대상은 색이 없다. 그러나 그 어떤 것도 눈에서 보이는 그 색이 아니다. 왜냐하면, 눈에서는 오직 시신경에서 뇌로 전달되는 화학적·물리적 반응만 있기 때문이다. 그리고 거기에서 또 다른 과정이 시작된다. 심지어 이 과정도 아직 색이 아니다. 색은 뇌의 과정이라는 수단을 통해 오직 혼에서만 만들어진다. 그때까지도 색은 의식에 나타나지 않지만, 처음으로 색은 영혼에 의해 외부 세계에 있는 몸으로 회부된다. 그때서야 나는 드디어 색을 이 몸의 특성으로서 지각한다. 완전한 순환 과정을 여행해온 것이다. 우리는 색을 내는 대상을 알아챈다. 그것이 출발점이다. 여기서 사고는 구축을 시작한다. 나에게 눈이 없다면 대상물은 색이 없는 것으로 보인다. 따라서 나는 대상에 색의 원인을 둘 수 없다. 다른 곳에서 찾아야 한다. 우선 나는 눈과 혈관, 신경과 혈관, 뇌와 혈관에서 찾고 또다시 영혼에서 찾는데 여기서 나는 그것을 분명히 찾지만 그것은 결코 대상에 붙어 있지 않다. 나는 그 색을 내는 물체를 오직 내 출발점으로 돌아가야만 발견한다. 이렇게 순환이 완성된다. 이 이론은 순진한 인간이 그의 밖에 존재하는 것을 의식의 산물로서 여긴다는 것을 잘 보여준다.

만약 우리가 여기서 멈춘다면 모든 것이 아름답게 맞아 떨어질 것이다. 하지만 우리는 다시 처음으로 돌아가 논의를 해야 한다. 지금까지 나는 내 출발점으로서 그 대상을(예: 지금까지 각자의 순진한 관점으로 인해 완전히 잘못된 개념을 갖게 된 외부의 지각된 대상) 택했다. 나는 그 지각된 것이 내가 지각하는 것처럼 객관적으로 존재한다고 믿었다. 그러나 지금은 그것이 내가 지각하는 행위에 의해 사라지고, 그것은 내 정신 상태의 변형임을 관찰한다. 그렇다면 나는 이것을 가지고 내 주장을 시작할 권리가 있을까? 그것이 내 영혼에 의해 작용한다고 말할 수 있을까? 이제부터 나는 나에 의해 작용했고 그 자체에 대한 하나의 관념을 내 안에 만들어냈다고 믿었던 그 탁자에 대해 그것 자체가 하나의 관념이라고 다뤄야 한다. 하지만 여기서부터 내 감각 기관들과 그 안에서 일어나는 과정들 역시 주관적이라는 논리가 따른다. 나는 실제 눈에 대해서가 아닌 내 눈에 대한 내 관념에 대해서만 말할 권리가 있다. 다양한 감각 자극의 혼란 안에서 구조화된 것으로 추정하는 신경 경로에 있어서도, 뇌의 반응 과정에 있어서도, 심지어 혼의 과정에 있어서도 마찬가지다. 논증의 첫 번째 순환이 진실이라고 가정하면, 나는 내 인식 활동의 단계들을 다시 살펴보게 되고 인식의 과정들은 서로에게 영향을 끼칠 수 없는 관념의 얄팍한 포장으로 드러난다. 나는 그 대상에 대한 내 관념이 눈에 대한 내 관념에 작용한다고 말할 수 없고, 이 상호작용이 색에 대한 내 관념을 결론짓는다 말할 수 없다. 그러나 다음을 말할 필요는 있다. 내가 내 감각 기관과 그것의 과정들을 명확히 보는 순간, 나의 신경과 혼의 과정들 역시 지각을 통해서만 나에게 앎으로 다가오므로, 내가 주장한 것은 스스로 부조리함을 드러낸다. 감각 기관 없이 지각할 수 없다는 것은 사실이다. 그러나 지각이 없이는 나는 내 감각 기관도 알아차릴 수 없다. 탁자의 지각에서 그것을 보고 있는 눈이나 그것을 만지고 있는 피부 신경으로 건너뛸 수 있지만, 여기서 일어나는 것들은 결국 다시 지각으로만 배울 수 있다. 그러면 곧 나는 눈에서 일어나는 과정과 내가 보는 색 사이에는 어떠한 유사성의 흔적도 없다는 것을 지각한다. 나는 색을 지각하는 동안 눈에서 일어나는 과정을 이유로 색감을 없애버릴 수 없다. 더 이상 그 색을 신경이나 뇌의 과정에서 찾을 수도 없다. 나는 오직 순진한 사람이 그의 유기체 밖의 속성이라 여긴 첫 번째 지각에, 유기체 안의 속성에 의해 지각된 것이라는 점을 덧붙일 뿐이다. 나는 하나의 지각에서 다른 하나로 옮겨갈 뿐이다.

더욱이 이 주장에는 단절된 부분이 있다. 나는 내 유기체 안의 과정들을 뇌에까지 따라갈 수 있겠지만, 나의 짐작들은 뇌 중심의 과정에 가까워질수록 더 가설적이 된다. 물리학과 화학의 도구와 방법을 이용할 수 있다면 그 과정을 좀 더 구체적으로 관찰할 수 있겠지만 밖에서의 관찰 방법은 뇌에서 멈춘다. 내적 관찰 혹은 자기성찰은 감각과 함께 시작되고 여기에는 물질의 감각 정보로부터 구축된 것들이 포함된다. 뇌 과정에서 감각으로 전환되는 지점에 관찰의 연속이 단절된다.

여기서 설명한 이론은 스스로를 비판적 관념론(Critical Idealism)이라 부르고 그들과 반대되는 견지에 대해 소박실재론이라 부르며, 하나의 지각 대상의 묶음을 정당한 관념들로 여기고, 똑같은 차원에 있는 또 다른 묶음에 대해서는 스스로 명백히 부인했던 소박실재론적 태도로 수용하는 오류를 범한다. 이 이론은 자신의 몸과 이어진 지각 대상들을 객관적으로 유효한 사실로 순진하게 받아들임으로써 지각 대상의 관념적 성격을 구축한다. 게다가, 이는 연결고리를 찾을 수 없는 두 관찰 영역 사이에 혼란이 있음을 발견하지 못한다. 비판적 관념론은 오직 "소박실재적 방식으로 하나의 유기체가 객관적으로 존재한다."고 가정할 때에만 소박실재론을 반박할 수 있다. 비판적 관념론자들이 자신의 유기체와 연결된 지각들의 객관적 존재를 가정함으로써 소박실재론자들과 완전히 같은 입장에 서 있음을 깨닫는 순간, 그들은 더 이상 전자를 그들 이론의 안전한 토대로 삼을 수 없게 된다. 입장을 고수하기 위해서는 그들 자신의 유기체적 기관 역시 관념의 복합체일 뿐이라 여겨야만 한다. 그러나 이는 지각된 세계의 내용을 마음 구조의 산물로서 여길 가능성을 없애버린다. "색"이라는 관념은 그저 "눈"이라는 관념의 변형으로 가정해야 하는 것이다. 소위 비판적 관념론이라 불리는 것은 소박실재론의 가정들을 빌려야만 성립한다. 소박실재론에 대한 반론은 이 이론의 가정이 다른 영역에서는 유효하다고 무비판적으로 받아들일 때 달성된다.

따라서 지각 대상들의 세계 안에서 분석만으로는 비판적 관념론이 성립할 수 없고, 결과적으로 지각 대상들의 객관적 특징을 발견할 수 없다는 사실은 확실하다.

"지각된 세계는 내 관념이다."라는 말이 증거가 필요 없는 자명한 원리라고 내세우기에는 여전히 정당성이 부족하다. 쇼펜하우어는 그의 주 업적인 『의지와 관념으로서의 세계』를 다음과 같은 말로 시작한다.

"세계는 나의 관념이다. 이것은 살아 있고 지식을 습득하는 모든 것에게 진리지만, 오직 인간만이 이것을 사색적이고 추상적인 의식으로 가져갈 수 있다. 정말 그렇게 할 수 있다면, 한 인간은 철학적 지혜를 얻은 셈이다. 그러면 그가 아는 것은 해와 흙이 아닌, 해를 보는 눈과, 흙을 느끼는 손이고 그를 둘러싼 세계는 오직 관념과 (예: 다른 어떤 것과의 관계 속에서만) 바로 그 자신인 의식 속에만 있다는 것이 분명해진다. 만일 어떤 진리를 선험적으로 주장하려면 그것은 다음과 같은 경우다. 그것은 모든 것에 전제되어야 하므로 생각할 수 있는 모든 가능한 것의 가장 일반적 형태, 시간, 공간, 인과관계보다 더 일반적인 형태의 표현이어야 한다…"(『의지와 관념으로서의 세계』, 1부, 1장)

비판적 관념론 전체 이론은 눈과 손이 해와 지구만큼이나 한낱 지각의 대상일 뿐이라는 위 언급에 의해 산산이 부서진다. 어떤 이는 쇼펜하우어의 용어를 자기 식으로 사용해서, 여전히 해와 지구가 그들 자체인 것처럼 해를 보는 내 눈과 흙을 느끼는 내 손은 내 관념이라고 반박할 수 있다. 그런 식으로 말한다면, 그 이론 전체가 스스로 유효성을 잃었음은 더 이상 논쟁의 여지없이 분명하다. 왜냐하면, "눈"과 "손"이라는 내 관념이 아니라 실제 나의 눈과 손만이 "해"와 "흙"의 변형으로서 관념을 가질 수 있기 때문이다.

비판적 관념론은 지각 대상과 관념의 관계에 대해 어떤 통찰도 얻을 수 없다. 그것은 99쪽에서 언급한 지각 과정에서 지각에 일어나는 일과 지각 전에 그 안에 내재되어 있어야 하는 것 사이의 분별을 지을 수 없다. 그러므로 우리는 다른 방법을 통해 이를 시도해야 한다.

6

세계에 대한 우리의 앎

앞서 말한 것을 고려하면 우리의 지각 내용을 분석한다고 해서 지각이 관념임을 증명할 수는 없다. 이는 소박실재론이 인간 개인의 심리적·생리적 구조에 대해 가정하는 대로 지각 과정이 이루어진다면, 우리는 사물 자체가 아닌 사물에 대한 우리의 관념과 연결됨을 보여줌으로써 증명할 수 있을 것이다. 이제 소박실재론식으로 일관되게 생각해보면, 그것의 전제와 대조되는 결론에 이르게 되고 그러한 전제들은 세계에 관한 이론의 기초로서 적합할 수 없다. 비판적 관념론자가 위에 적힌 논증의 연장선에서 세계는 나의 관념일 뿐이라고 주장하는 경우처럼, 어떤 경우에도 전제는 부정하면서 그것의 결론을 받아들일 수는 없다.

비판적 관념론의 진실과 그 증거의 설득력은 별개다. 이 이론이 얼마나 진실에 부합하는지는 우리의 논증을 통해 드러나겠지만 그 증거의 설득력은 전무하다. 집을 지을 때도 이층을 짓는 와중에 일층이 무너진다면, 이층이 무너지는 것은 당연하다. 소박실재론과 비판적 관념론은 이 비유와 같이 일층과 이층으로 서로 연결되어 있다.

지각된 세계 전체가 단지 관념 세계일 뿐이고, 자신의 혼에 영향을 주는 알려지지 않은 사물들의 효과라고 주장하는 이들에게 앎에 관한 진짜 문제는 자연스럽게 그의 혼에 나타난 관념들이 아닌, 그의 의식 밖에 놓여 있으며 그로부터 독립된 사물들에 관한 문제가 된다. 그는 '우리 외부의 사물을 우리가 직접 관찰할 수 없다면, 간접적으로 그것에 대해 얼마나 알 수 있겠는가?'라고 묻는다. 이 관점에서 그는 의식된 지각들 간의 연관성보다는 그의 의식을 초월해 독립적으로 존재하는 지각들의 원인에 더 중점을 둔다. 지각은 그가 대상으로부터 감각기관을 거두어들이는 순간 사라지기 때문이다. 같은 관점에서 우리의 의식은 거울과 같다. 거울의 표면이 비추는 물체를 향하지 않는 순간, 거울 속의 뚜렷했던 상은 사라져버린다. 우리가 사물 자체가 아닌 사물의 반영된 상만 볼 수 있다면, 그 본질에 관해 우리가 간접적으로 얻는 앎은 오직 반영된 상에서 유추한 결론뿐이다. 현대 과학 전체는 바로 이 관점을 받아들이며, 지각을 물질의 움직임 뒤에 있는 정보를 얻기 위한 수단으로만 이용하고 그것이 전부라고 여긴다. 만약 이 비판적 관념론자가 실재에 대해 인정한다 하더라도 그의 유일한 목표는 관념이라는 방법으로 이 실재하는 것에 대한 앎을 간접적으로 얻는 것뿐이다. 그는 주관적 관념 세계는 제쳐두고 이 관념의 원인에 대해 더 관심을 두고 쫓는다.

이 비판적 관념론자는 더 나아가, 나는 내 관념의 세계 안에 갇혀 있고 그로부터 벗어날 수 없다고까지 말할 수 있다. 내가 내 관념 이상의 것을 생각하더라도 이 개념은 또 한 번 내 관념일 뿐이다. 이런 종류의 관념론자는 물(物)자체를 전적으로 부정하거나 적어도 그것은 인간 정신에 있어 아무런 중요성이 없다고 주장할 것이다.(예: 그에 관해 우리는 전혀 알 수 없으므로 존재하지 않는 것과 같다.)

이런 유의 비판적 관념론자에게 앎을 위한 노력은 무의미하고 세계는 그저 혼란스러운 꿈같아 보인다. 그에게는 오직 두 종류의 사람이 있다. 첫째는 자신이 엮어낸 꿈이 진짜라는 환상에 사로잡힌 희생자들과, 둘째는 이 꿈같은 세계에는 아무것도 없음을 꿰뚫어보고 더이상 알고자 하는 욕구를 서서히 잃어가는 현명한 사람들이다. 이 시각에서는 한 사람의 인격마저도 그저 꿈속의 유령이 되고 만다. 자는 동안 보이는 꿈속의 영상 중에 자신의 이미지가 나타나는 것처럼 깨어 있는 의식에서도 자기 자신에 대한 관념이 외부 세계에 관한 관념에 더해진다. 즉, 의식 안에서 나는 나에게 실제 주체가 아니라 주체라는 관념일 뿐이다. 사물의 존재에 대해 부정하거나 최소한 우리가 그에 대해 전혀 알 수 없다고 하는 이는 인격의 존재와 그에 대한 앎마저도 부정해야만 한다. 그러므로 비판적 관념론자는 "모든 실재는 환상적 꿈으로 변형됩니다. 꿈의 대상인 삶 없이는, 꿈을 꾸는 의식 없이는; 꿈 그 자체일 뿐인 꿈으로 변형됩니다."(cp. Fichte, 『인간의 운명』)라고 주장할 수 있는 것이다.

　자신의 직접적 경험이 꿈이 됨을 깨달았다고 믿는 사람이 그 꿈 너머 어떤 것을 상정하는지 아니면 자신의 관념을 진짜 사물과 연결 짓는지는 중요하지 않다. 두 경우 모두 그에게 삶 자체는 모든 과학적 흥미를 잃는다. 모든 접근 가능한 실재가 꿈으로 소진되어버린다고 믿는 이에게 과학은 그저 부조리이지만, 관념에서부터 사물에까지 논증할 필요를 느끼는 이에게 과학은 그런 물자체를 연구하는 일이다. 이런 유의 이론 중 첫째는 절대환상설(Absolute Illusionism)이라 부를 수 있고, 두 번째는 가장 엄격한 논리적 주창자인 에두아르트 하르트만의 초월적 실재론(Transcendental Realism)이다.[물자체에 관한 어떠한 직접적 주장도 할 수 없음을 깨달을 때, 앎은 초월적이지만, 알려진 주체에서부터 알 수 없는 초월 영역에 있는 주체 사이에 간접적 추론을 만든다. 이 관점에 따르면 물자체는 직접적 경험세계 밖의 영역에 있다. 즉, 초월적이다. 하지만 우리의 세계는 초월적으로 초월의 세계에 연결될 수 있다. 하르트만의 이론은 주체와 정신에서 시작해서 초월과 실재로 이어가기 때문에 실재주의라고 불린다.]

　이 두 가지 관점은 그들이 지각 분석을 통해 세계에 발을 들여놓으려 한다는 점에서 소박실재론과 공통점이 있다. 그러나 이 영역 내에서, 그들은 어떤 안정적인 지점도 찾을 수 없다.

초월적 실재론의 지지자에게 가장 중요한 질문 중 하나는, 자아가 어떻게 관념 세계를 구성하는가이다. 외부 세계에 대한 감각을 닫자마자 사라지는 우리에게 주어진 관념 세계는 자존하는 자아의 세계를 간접적으로 연구하는 수단이 되는 한에서만 앎에 대한 진지한 욕망을 일으킬 수 있을 것이다. 우리가 경험하는 사물이 모두 "관념"이라면 우리의 일상은 꿈같은 것이고 진짜 사실을 발견하는 것은 꿈에서 깨어나는 것과 같을 것이다. 심지어 우리의 꿈속 이미지는 꿈꾸는 동안만 흥미를 끌고, 따라서 꿈의 특성을 찾아내지도 않는다. 그러나 우리는 깨어나는 순간, 꿈속 이미지 간의 연관성보다는 그 기저에 있는 신체, 생리, 심리적 과정에 대해 찾는다. 이처럼 세계를 자기의 관념으로만 여기는 철학자는 세계 속 구체적인 것들의 상호 연관성에 대해 관심을 가질 수 없다. 그가 진짜 자아(Ego)의 존재를 인정한다면, 그의 질문은 머릿속에 관념들이 서로 어떻게 연결되었나가 아닌, 일련의 관념이 그의 의식을 지날 때 관념과는 별개인 영혼에서 어떤 일이 일어나는가가 될 것이다. 만약 내가 꿈에서 와인을 마시고 목구멍이 타는 듯한 느낌을 받았다면, 나는 기침과 함께 꿈에서 깨어나고[cp. 베이간트(Weygandt), 『꿈의 출현(Entstehung den Träume)』, 1893] 그 순간 나는 꿈속 경험에는 흥미를 잃는다. 나는 오직 꿈에서 상징으로 표현된 기침의 원인으로서 불편함이 나타난 생리적·심리적 과정에만 주의를 기울인다. 마찬가지로, 철학자가 세계는 관념들로만 이뤄졌다고 믿는 다면, 그의 관심은 관념에서부터 관념의 이면에 있는 실재인 혼으로 단번에 옮겨간다. 이 문제는 "관념" 뒤에 있는 자아의 존재를 부정하거나 알 수 없다고 믿는 환상주의자에게 더 심각하다. 우리는 꿈꾸는 것과는 달리 우리의 꿈을 감지하고, 사물의 실제 관계를 알 수 있는 기회가 되는 깨어 있는 상태가 있지만, 이런 깨어 있는 의식적 삶과 유사하게 연결된 자아 상태는 없다는 관점에 쉽게 이를 수 있다. 이러한 관점에 집착하는 한, 꿈에 대한 우리의 경험이 단지 지각에 불과하다는 것을 이해할 수 없다. 그들은 이런 것을 사고라 한다.

순진한 이들에게 이것을 지각하지 못한다고 탓할 수는 없다. 그들은 삶을 있는 그대로 받아들이고 그들의 경험에 나타나는 일들을 실재라고 여긴다. 그러나 이 관점을 넘어 우리가 취해야 할 첫 단계는 오직 이것, 사고가 어떻게 지각과 연결되는가를 묻는 것이다. 내게 주어진 지각이 내가 지각하기 전과 후에도 계속 존재하는지는 문제가 아니다. 내가 어떤 것에 관해 주장하려면 오직 사고의 도움으로만 할 수 있다. 내가 세계는 나의 관념일 뿐이라고 주장할 때, 나는 사고의 결과를 진술하는 것이고, 만일 나의 사고가 세계에 적용될 수 없는 것이라면, 내 결과는 틀린 것이다. 모든 지각과 그에 대한 판단 사이에는 사고가 끼어든다.

사물에 관해 토론할 때 우리가 흔히 사고의 역할을 간과하는 이유는 위에서 설명했다. 그것은 우리가 오직 사고 대상에 주의를 집중하는 동안 동시에 사고 자체에 집중하지는 않는다는 사실에 있다. 그러니 순진한 이들은 사고란 사물과는 전혀 관계없이, 거리를 둔 채 따로 있는 것처럼 다루고 그에 관한 이론을 만들어내기 시작한다. 세계의 현상에 대해 생각하는 사람이 만드는 이론은 현실의 일부가 아니라 사람의 머릿속에만 존재하는 것으로 간주된다. 세계는 이 이론이 없이도 그 자체로 완전하다. 세계는 이미 모두 완성된 질료와 힘이며 이 완성된 세계의 인간이 자기 자신을 그린다. 이렇게 생각하는 사람은 다음 질문을 받게 된다. 당신은 어떠한 권리로 세계가 사고 작용 없이 완성된다고 주장하는가? 세계는 식물이 꽃을 피우게 하는 것과 같은 이치로 사람의 마음 안에 사고를 일으키는 것 아닌가? 땅에 씨앗을 한번 심어보라. 씨앗은 뿌리와 줄기를 내리고 잎과 꽃을 피운다. 식물을 당신 앞에 두어보라. 그것은 당신의 마음속에 명확한 개념으로 다가온다. 왜 식물이라는 개념은 식물 전체에서 잎과 꽃보다 더 적은 부분을 차지해야만 하는가? 당신은 잎과 꽃은 경험하는 주체와 동떨어진 채 존재한다고 말한다. 개념은 오직 인간이 식물을 대상화할 때만 나타난다. 모름지기 그렇다. 하지만 잎과 꽃은 또한 씨앗을 심을 땅이 있어야만 나타나고 빛과 공기가 있어야만 자란다. 사고하는 이가 식물을 마주해야만 식물에 관한 개념이 떠오르는 것처럼 말이다.

사고가 드러내는 것을 현상과 관련 없는 단순한 부착물 정도로만 여기면서, 순수한 지각만으로 우리가 사물에 대해 경험하는 것의 집합을 완전한 전체로 여기는 것은 꽤 독단적인 생각이다. 만일 오늘 내게 장미꽃 봉오리가 있다면, 그것이 내게 주는 지각은 완전히 순간적이다. 그 꽃봉오리를 물에 담그면 내일 나는 이 대상의 아주 다른 모습을 보게 된다. 내가 만약 꽃봉오리를 끊임없이 바라본다면 셀 수 없이 많은 중간 단계를 거쳐 오늘의 상태가 내일의 상태로 서서히 변하는 것을 보게 될 것이다. 그것이 나에게 보여주는 어떤 순간의 모습은 자라고 있는 그 대상의 이어진 과정 중 한순간일 뿐이다. 만일 내가 꽃봉오리를 물에 담그지 않는다면 전체 상태 변화의 과정이자 그 안에 담긴 가능성은 현실로 나타나지 않을 것이다. 마찬가지로, 나는 내일 봉오리가 피는 모습을 볼 수 없을 것이고, 따라서 그에 관해 불완전한 상을 갖게 된다.

어떤 현상의 우연한 외형을 그 현상 자체라고 주장하는 것은 매우 비과학적이고 독단적인 판단이다. 지각된 외형의 집합을 그것 자체라고 여기는 것은 더는 타당하지 않다. 마음이 개념을 지각과 함께 그리고 동시에 갖는 것은 가능하다. 그러한 마음에게 개념이 현상에 속하지 않는 일은 전혀 있을 수 없다. 개념은 현상에 분리될 수 없는 것으로 보아야 한다.

하나의 예를 들어 좀 더 분명히 해보자. 만약 내가 수평으로 돌을 하나 던진다면 나는 그것을 다른 위치와 시간에 지각하게 된다. 나는 이 장소들을 연결하여 하나의 선을 그린다. 수학은 나에게 다양한 종류의 선을 구별하도록 가르치고 있는데 그중 하나는 포물선이다. 나는 포물선이 어떤 명확한 법칙에 따라 움직이는 점에 의해 만들어지는 선이라는 것을 알고 있다. 내가 던진 돌이 움직인 조건에 대해 분석한다면, 그 돌이 비행한 선은 내가 포물선이라고 알고 있는 것과 정확히 일치함을 발견한다. 그 돌이 정확히 포물선으로 움직이는 것은 주어진 조건의 결과로서 그 조건을 피할 수 없이 따르는 것이다. 포물선의 모양 역시 그 현상의 다른 특성들처럼 현상 전체에 속한다. 위에 묘사한 사고를 우회할 필요 없는 임의의 가정은, 다른 지점에 대한 시각적 지각의 연속일 뿐 아니라 이 현상에 포함된 한 부분으로서 우리가 사고를 통해 현상에 더한 비행포물선으로 나타난다.

처음에 그것이 개념적 측면으로 나타나지 않은 것은 실제 대상 때문이 아니고 우리 정신 구조 때문이다. 우리는 유기체의 구조상, 모든 실재하는 것을 이해할 때 그와 관련된 요소들이 두 가지에서 나오게 되어 있다. 바로 지각과 사고에서다.

사물의 본성은 그것을 이해하기 위한 내 유기체의 구조와는 무관하다. 지각과 사고의 단절은 내가 대상을 그저 구경꾼처럼 대하는 순간 생겨난다. 그러나 그런 요인들이 작용하거나 하지 않는 것은 대상에 속한 것으로 내가 그에 관한 지식을 얻는 방법에 따라 달라지지 않는다.

인간은 많은 한계를 지닌 존재다. 우선 인간은 여러 만물 중 하나다. 그리고 시간과 공간 안에 존재한다. 그런 이유로, 인간에게는 우주 전체의 제한된 일부만이 주어진다. 그러나 이 제한된 일부는 시간과 공간의 모든 면에서 다른 부분들과 연결되어 있다. 만약 우리의 존재가 만물과 너무도 긴밀히 연결되어 있어 대상 세계의 모든 과정이 우리 안의 과정이라면, 인간과 만물 간의 차이는 없을 것이다. 그리고 우리에게 개별적인 대상 역시 존재하지 않을 것이다. 모든 과정과 사건들은 연속적으로 하나에서 다른 하나로 이어지게 된다. 우주는 통일체이며 그 자체로 완전체일 것이다. 사건의 흐름은 아무런 방해를 받지 않을 것이다. 하지만 우리의 한계 때문에 우리는 사실 전혀 개별적 대상이 아닌 것을 개별적 대상으로 지각한다. 예를 들어, 추상적 "빨강"이라는 특징은 어디에도 없다. 빨강은 모든 면에서 그것이 속해 있고, 그런 것들이 없으면 유지될 수 없는 수많은 다른 특징들로 둘러싸여 있다. 그러나 우리는 세계의 특정 부분을 격리해내 그것만 따로 생각할 수밖에 없다. 우리의 눈은 여러 색의 조합 중 한 가지 색을 먼저 포착하고, 우리의 이해는 연결된 개념의 구조 안에서 한 번에 한 개씩의 개념을 이해할 수 있다. 이 분리는 우리가 다른 사물 중 하나일 뿐이고 세계의 운동 과정과 동화될 수 없다는 사실 때문에 주관적 행위다.

우리가 사물로서 인간과 다른 모든 것들과 우리 자신의 관계를 결정하는 것은 가장 중요한 일이다. 이 연관성을 밝히는 것과 단지 우리 자신을 의식하는 것은 반드시 구별해야 한다. 이러한 자기인식을 위해 우리는 다른 일에 대한 인식과 마찬가지로 지각에 의존한다. 나 자신에 대한 지각은, 내가 노랗고, 금속 재질이며, 단단한 등의 특징을 통합해 "금"이라는 개체를 조합해내듯, 하나의 전체로서 내 개성을 이해하는 데 결합되어 있는 여러 속성들을 드러내어 준다. 이런 종류의 자기인식은 나에게 속한 것들 범위 너머로 나를 이끌지 못한다. 그러므로 이것은 사고를 통해 얻은 정체성과는 구별되어야 한다. 내가 전체 우주 구조에서 외부 세계에 대한 어떤 한 지각의 장을 사고로 정하는 것처럼, 나 자신에 대해 지각한 것을 세계-과정의 질서와 맞추는 것도 사고 행위로 한다. 자기관찰은 정해진 한계 안에 나를 제한하지만 내 사고는 이런 제한과 무관하다. 이런 측면에서 나는 양면적 존재다. 나는 내가 개성이라고 이해한 범위에 구속되어 있지만, 동시에 더 높은 입장에서 내 유한성을 결정하는 행위의 주인이기도 하다. 사고는 감각과 감정처럼 개인적이지 않고 보편적이다. 단지 그것이 각자 개인적 감정, 감각과 관련되어 있다는 이유 때문에 분리된 개별자의 것이라는 낙인이 찍힌다. 보편적인 사고의 이러한 특정 채색들을 통해, 개별 인간은 서로 구별된다. '삼각형'이라는 개념은 오직 하나뿐이다. 이것이 A라는 이의 의식에 있든 B의 의식에 있든, 그런 것은 이 개념의 내용에 중요치 않다. 그러나 그 개념은 두 개인에게 각자의 방식으로 받아들여질 것이다.

이런 생각은 참으로 극복하기 어려운 흔한 편견에 부딪힌다. 이 편견의 희생자는 내 마음이 받아들인 삼각형 개념이 내 이웃의 마음이 파악한 삼각형 개념과 같다는 것을 이해하지 못한다. 순진한 사람은 그 자신을 개념의 창조자라고 여긴다. 그래서 그는 각자가 개별적 개념들을 갖는다고 생각한다. 철학적 사고가 우리에게 요구하는 것 중 하나가 이 편견을 넘어서는 것이다. '삼각형'이란 하나의 개념은 여러 명의 마음에 의해 사고된다고 하여 여러 개의 개념으로 나눠지지 않는다. 여러 명의 사고가 그 자체로서 하나의 통일체이기 때문이다.

사고에는 각 개별자의 특별한 개인성을 우주와 함께 하나의 전체로 묶어내는 요소가 있다. 우리가 느끼고 감각(지각)하는 한, 우리는 분리된 개인이다. 우리가 사고하는 한, 우리는 모든 것에 스며든 전일(全一)적 존재다. 이것이 인간 양면성의 더 깊은 뜻이다. 우리는 우리에게 스스로 드러내 보이는 보편적·추상적 원리에 대해 알고 있다. 그러나 그 원리는 세상의 중심이 아닌 주변적 문제로 경험된다. 전자의 경우라면 우리가 의식을 가지는 순간, 이 세상의 문제와 그 해결책에 대해 알 수 있을 것이다. 그러나 우리는 주변의 한 지점에 있고 우리 존재는 분명한 한계에 구속되어 있으므로, 우리 마음에 보편적 우주 원리를 드러내는 사고의 도움으로 우리 존재 너머를 탐험해야만 한다. 우리 안의 사고가 분리된 우리 존재를 넘어서서 보편적 세계 질서와 연결된다는 사실은 앎에 대한 욕망을 불러일으킨다. 사고하지 않는 존재는 이 욕망을 경험하지 않는다. 그들은 다른 사물과 접촉해도 의문을 떠올리지 않는다. 다른 사물들은 그에게 외부로만 남는다. 반면 사고하는 존재 안에서는 개념이 외물을 대면한다. 그것은 우리가 그것 없이가 아니라 그것과 함께 수용하는 사물의 일부다. 내부와 외부라는 두 요소를 동화하고 통일하는 것, 이것이 바로 앎의 역할이다.

따라서 지각은 독단적으로 완성된 것이 아니라 전체 현실의 한 면일 뿐이다. 다른 면은 바로 개념이다. 인식 행위는 지각과 개념의 종합이다. 그리고 지각과 개념의 결합만이 전체 현상을 구성한다.

앞의 논의는 사고가 제공하는 관념적 내용보다, 세계의 개별 사물에서 다른 공통 요소를 찾는 것은 부질없는 일이라는 것을 분명히 보여준다. 개념으로 지각을 분석함으로써 얻을 수 있는 내면의 일관된 관념 내용이 아닌, 어떤 다른 세계 통합의 질서를 찾으려는 시도는 모두 실패하게 되어 있다. 개별 신도, 자연의 힘도, 물질도, 쇼펜하우어와 하르트만의 눈먼 의지도, 결코 세계 통합의 보편 원리로 받아들여질 수 없다. 그러한 원리들은 모두 우리 경험의 한정된 범위에만 속할 뿐이다. 개인성은 자신 안에서만 경험되고, 힘과 물질은 외부의 사물로만 경험된다. 다시 말하지만, 의지야말로 우리의 유한한 개인성의 표현으로 볼 수 있다. 쇼펜하우어는 "추상적" 사고를 세계 통합의 원리로 삼지 않으려 했고 오히려 자기 앞에 즉각 나타나는 실재들 자체가 드러내는 것에서 원리를 찾으려 했다. 이 철학자는 우리가 그것을 "외부" 세계로 보는 한, 결코 세계에 대한 수수께끼를 풀 수 없다고 했다.

"사실, 우리에게 관념으로 존재할 뿐이거나 그 옆에 무엇을 지니고 있든 세계로부터 '아는 주체'의 관념으로 전환된 것일 뿐인. 그런 세계의 의미를 찾는 것은 조사자 자체가 순수하게 아는 주체(신체 없고 날개 달린 케루빔)가 아닌 한 결코 이루어질 수 없다. 그러나 그 자신은 그 세계에 뿌리를 둔다. 그는 세계나 자신을 하나의 개인으로 본다. 즉, 관념으로서 전체 세계를 필수적으로 뒷받침하는 그의 앎은 언제나, 그 영향은 우리가 이미 보았듯 그 세계를 지각 속에서 이해하는 출발점인, 신체를 매개로만 주어진다. 순수한 인식 주체에게 그의 몸은 모든 다른 관념처럼 하나의 관념이고 다른 대상처럼 하나의 대상이다. 몸의 움직임과 행위는 지각한 다른 대상의 변화와 정확히 같은 방식으로 이해된다. 그리고 그 움직임의 의미는 완전히 다른 방법으로 설명되지 않는 한, 낯설고 이해 불가능하다 …. 자신의 몸과 함께 정체성을 통해한 개인이 되는 인식 주체에게 몸은 완전히 다른 두 가지 방식으로 주어진다. 지적 지각에는 대상 중 하나이자 대상의 법칙의 영향을 받는 하나의 관념으로 주어진다. 그리고 또한 너무나 다른 방식으로도 주어지는데, 누구에게나 즉각 알려지며 의지라는 말로 의미화되는 것이다. 그의 모든 진정한 의지 행위는 예외 없이 동시에 몸의 움직임이다. 의지 행위와 몸의 움직임은 객관적으로 알려진 다른 두 개가 아니고 인과관계가 통합된 한 덩어리다. 그 둘은 인과관계에 있는 것이 아니라 하나이자 같은 것이다. 하지만 둘은 완전히 다른 방식으로 주어진다. 한 번은 즉각적으로 그리고 또 한 번은 이해를 위한 지각으로 주어진다. "●(『의지와 관념으로서의 세계』 2권, 18장)

쇼펜하우어는 자신이 '의지가 사람의 몸 안에서 대상화된다.'라는 논리를 주장할 자격이 있다고 여겼다. 그는 몸의 활동으로 즉각적 현실과 물자체를 확실히 경험한다고 믿었다. 그러나 우리는 이 주장과는 반대로 우리 몸의 활동은 자기관찰로만 인지할 수 있고, 그러므

● 인용된 내용은 쇼펜하우어 사상의 핵심을 보여주는 대목이며 인간의 자기 이해가 힘든 이유를 설명하고 있다. 간단히 말해 몸과 의지는 구별할 수 없는 한가지인데, '몸'은 다른 외부 대상과 같은 대상으로 보이고 '의지'는 그 대상들을 인식하는 지각의 기초로 작용한다는 것이다. 한가지인 몸/의지가 대상이기도 하고 동시에 주체이기도 하다는 모순 때문에, 인간은 결코 자신에 대해 '무심한 관찰자(=케루빔)'가 될 수 없고, 따라서 자기 이해는 다른 표상들처럼 정확하지 않을 뿐 아니라 오히려 몸의 본능에 구속된다는 것이다.

로 결코 그 활동이 지각된 다른 것보다 우월한 것일 수 없음을 주장해야 한다. 우리가 그것들의 진짜 본성을 알고 싶다면 오직 사고로만 알 수 있다. 즉, 지각을 개념과 관념의 이상적 체계 안에 끼워 맞추는 식으로.

순진한 사람의 뿌리 깊은 편견 중 하나는 사고가 확실한 내용 없이 추상적이고 공허하다는 생각이다. 사고는 기껏해야 세계의 통합에 대한 "관념적인" 대응을 제공할 뿐, 통합 그 자체는 아니라는 말이다. 이런 관점을 갖는 이는 개념에서 떨어진 지각이 진짜 무엇인지 전혀 알 수 없다. 이제 아무것도 더해지지 않은 이 지각 세계를 들여다보자. 그저 우주의 병렬과 시간의 연속, 분절된 개체들의 혼돈—그저 그것이다. 지각이라는 무대를 오고 가는 이것들 중 무엇도 이들 사이에 아무런 연결은 없다. 세계는 가치 구분이 없는 각양각색의 대상들로 이뤄져 있다. 어떤 것도 이 결합 안에서 다른 것보다 더 큰 역할을 맡지 않는다. 우리는 이 사실이 저 사실보다 더 큰 가치를 지니는지 알기 위해서는 사고해야 한다. 사고하지 않는 한, 우리는 더는 중요치 않은 동물의 흔적기관이 중요한 팔다리와 같은 가치를 지니는 것으로 보게 된다. 오직 사고가 하나에서 다른 하나로 연결된 실을 엮어낼 때만 특정한 사실은 그 자체와 세상 속 다른 부분과 관계에서 의미가 있다. 이 사고 활동은 언제나 고유한 내용이 있다. 나는 오로지 완벽하게 정의되고 구체적인 내용을 통해서만 왜 달팽이가 사자보다 낮은 종류의 유기체인지 알 수 있다. 지각된 것의 외관만으로는 그 유기체의 완성도를 전혀 알 수 없다. 사고는 개념과 관념의 세계로부터 지각에 내용을 부여한다. 우리에게 내용 없이 외부에서 주어지는 지각과는 대조적으로, 사고의 내용은 우리의 마음 안에서 일어난다. 우리의 의식에서 가장 먼저 일어나는 사고의 형태를 우리는 "직관"이라 부른다. 사고에 있어 "직관"은 지각에 있어 관찰과 같다.● 직관과 관찰은 우리 앎의 원천이다. 관찰한 외부의 대상은 우리 안에 그에 상응하는 직관이 떠오르기 전에는 이해할 수 없고, 그 직관은 지각만으로는 부족했던 대상의 여러 측면을 실재에 부여한다. 그런 직관을 가져올 충분한 능력이 없는 이에게 실재의 전체 본성은 봉인된 책과 같다. 색맹이 색의 차이를 알지 못한 채 오직 색의 명암만 구분하는 것처럼, 직관 없는 마음은 오직 분절된 지각의 조각들만 볼 수 있을 뿐이다. 무엇을 설명하고 이해한다는 것은 위에 서술한 대로, 우리 마음의 독특한 구조에 따라 분열된 맥락 안에 그것을 위치 지우는 것을 뜻한다. 무엇도 보편성에서 잘려나간 채 존재할 수 없다. 그러므로 모든 대상의 고립은 우리의 마음과 같은 구조에서만 주관적 타당성을 갖는다. 우리에게만 우주는 위와 아래, 전과 후, 원인과 결과, 물체와 관념, 물질과

●　'직관'의 사전적 정의는 개념과 논리 밖의 앎이다. 그런데 이 용어에 대한 칸트와 슈타이너의 이해는 다르다. 칸트는 오성 작용 이전의 모든 '경험 지각'을 직관이라 한다. 요컨대 오성 이하의 인식이다. 반면 슈타이너는 사고의 작용을 '통합력'으로 이해하므로 사고의 특성으로 직관을 말한다. 이때 직관은 지각을 넘어설 뿐 아니라 지각의 변형인 개념과 논리의 한계도 넘어선 영적 앎의 기초라고 본다. 이런 성격의 직관이 관찰과 지각 이전의 수준에서는 무의식적으로, 영적 수준에서는 자각된 상태로 작용한다고 본다.

힘, 객체와 주체 등으로 나뉜다. 그 대상들은 관찰할 때는 분리되어 보였다가, 조금씩 우리 직관의 일관되고 통일된 체계를 통해 합쳐진다. 우리는 사고로 지각이 분리한 모든 것을 다시 하나의 전체로 융합한다.

분리되어 보이는 한, 하나의 대상은 우리에게 수수께끼다. 그러나 이것은 우리 자신이 만든 하나의 추상이며 개념의 세계에서 다시 없앨 수도 있다.

사고와 지각을 통하지 않고는 우리에게 그 어떤 것도 직접적으로 주어지지 않는다. 이제 질문은 우리의 이론에서 지각에 대한 해석에 있다. 우리는 지각의 주관적 본질에 대해 비판적 관념론이 내세우는 증거가 무너지는 것을 이미 보았다. 그러나 증거의 무효함을 밝히는 것만으로 그 교조 자체가 오류임을 밝히기는 충분치 않다. 비판적 관념론은 자신의 증거를 사고의 절대적 본성에 두지 않고, 소박실재론의 논리적 결론을 따라가 보면 자체적 모순이 있다는 주장에 기대고 있다. 사고의 확실성을 안다면 어떻게 이런 것이 문제가 될까?

특정한 지각을 생각해보자. 예를 들어 빨간색이 의식에 들어왔다. 지속적으로 관찰하면, 하나의 지각은 예를 들면 특정 모양, 온도, 촉감과 같은 또 다른 지각에 연결되어 나타난다. 나는 이 지각의 집합체를 감각 세계의 대상이라 부른다. 이제 질문해보자. 언급한 지각 외에 이 것들이 놓여 있는 공간에 더 다른 무엇이 있겠는가? 그러면 나는 그 공간에서 기계적이고 화학적인 다른 과정을 찾을 것이다. 그리고 나아가 내 감각 기관과 그 대상 사이에 일어나는 과정에 대해서도 연구해야 한다. 그러면 나는 내가 시작한 지각과는 조금의 공통점도 없는 탄성 매질의 진동 주파수를 발견한다. 감각 기관과 뇌 사이의 연관성을 추적해도 같은 결과가 나온다. 각각의 탐구에서 나는 새로운 지각을 얻지만 이 모든 공간, 시간적으로 분절된 지각을 하나로 묶는 끈은 사고다. 소리 같은 공기의 진동은 나에게 지각으로 전달된다. 사고만이 이 모든 지각한 것들을 하나로 잇고 그들 사이의 상호작용을 드러내 보여준다. 우리는 우리에게 즉각적으로 주어지는 지각 위에 지각의 관념적 결합(사고만이 밝힐 수 있는) 외에 어떤 것이 있다고 말할 수 없다. 지각 주체와 지각 대상 사이의 관계는 순수한 지각을 초월하며 그렇기에 관념적일 뿐이며 오직 개념을 통해서만 표현될 수 있다. 만약 우리가 지각 대상이 지각 주체에게 어떻게 영향을 주는지 지각할 수 있다거나, 혹은 주체를 통해 지각의 복합체가 어떤 구조인지 볼 수 있다면, 우리는 비판적 관념론이 근간으로 삼는 현대 심리학과 같은 식으로 이야기할 수 있었을 것이다. 그들의 이론은 주체와 대상 사이의 관념적 연관성을 우리가 지각할 수 있어야만 설명할 수 있는 과정과 혼동한다. "색을 감지하는 눈이 없이는 색도 없다."는 명제는 눈이 색을 만드는 것이 아니라 오직 사고로 인식할 수 있는 관념적 연관성만이 "색"이라는 지각과 "눈"이라는 지각 사이를 이어준다는 뜻으로 받아들여야 한다.

시각 기관의 구조를 통해 눈의 어떤 특성과 색의 어떤 특성이 어떻게 서로 연관되는지 등을 밝히는 일은 경험 과학의 몫이다. 나는 하나의 지각이 어떻게 전개되어가거나 우주에 있는 다른 지각으로 이어지는지를 추론할 수 있고 그 관계를 개념적 용어로 표현할 수 있지만, 하나의 지각이 어떻게 지각할 수 없는 것으로부터 기원하는지는 지각할 수 없다. 개념적 관계가 아닌 것에서 지각들 간의 관계를 찾으려는 노력은 모두 실패할 수밖에 없다.

그렇다면 지각이란 무엇인가? 이렇게 일반적 방식으로 묻기에 이 질문은 터무니없다. 지각은 언제나 완벽하게 확정적이고 구체적인 내용으로 나타난다. 그 내용은 즉각 드러나고 온전하게 주어진다. 주어진 내용에 대해 누군가 던질 수 있는 유일한 질문은 지각을 제외한 것의 내용이 무엇인지, 즉 사고의 내용이 무엇인지다. 지각의 "무엇"에 대한 질문은 그러니 오직 그 지각에 부합하는 개념적 직관에만 관련이 있다. 이 관점에서, 비판적 관념론이 논하는 의미의 지각의 주관성에 대한 문제 제기는 일어날 수 없다. 주체에게 속하는 것으로서 경험만이 "주관적"이라 칭할 수 있다. 어떤 실제 과정으로도 주체와 대상의 연결고리를 만들 수는 없다. "실재"라는 단어의 순수한 의미에서도 그것은 지각될 수 있는 하나의 과정을 뜻한다. 오직 사고만이 그것을 가능하게 한다. 그렇다면 우리에게 "객관적"이라는 것은 지각에서 지각 주체의 외부를 의미한다. '지각 주체로서 나'는 내 관찰 영역에서 탁자가 사라진 뒤에도 나에게 지각할 수 있는 대상으로 남는다. 탁자의 지각은 내 안에 하나의 변경을 만들었고, 그것은 나 자신처럼 지속된다. 탁자의 이미지는 내 자아의 일부를 형성하였고, 나는 그것을 보존한다. 현대 심리학 용어에서는 이 이미지를 "기억"이라 한다. 드디어 이것만이 탁자의 관념이라 불릴 수 있는 것이다. 왜냐하면, 그것은 내 시야에 놓인 탁자로 내 정신 상태에 지각 가능한 변경을 만들었기 때문이다. 게다가 이것은 이른바 지각 주체 뒤의 "자아 자체(Ego-in-itself)"의 변형이 아니라 지각 주체 자신에게 일어나는 변형이다. 그러므로 그 관념은 객관적 지각과 대조되는 주관적 지각이며 대상이 지각 영역에 존재할 때 일어난다. 이 객관적 지각과 주관적 지각의 오판은 관념론에 대한 다음과 같은 오해를 불러일으킨다. '세계는 내 관념일 뿐이다.'

우리의 다음 과제는 "관념"이란 개념을 더 자세히 정의하는 것이어야만 한다. 지금까지 논의한 것은 개념에 대한 것이 아니라 관념이란 것들이 지각 영역 어디쯤에서 발견되는지에 관한 것이었다. "관념"의 정확한 개념은 우리로 하여금 관념과 대상의 관계에 관해 만족스러운 이해를 갖게 할 것이다. 이는 우리를 주체와 대상의 관계가 순수한 앎의 개념 영역에서 실체적인 개별 삶으로 내려오는 경계 너머로 이끌

것이다. 우리가 세계를 어떻게 생각해야 할지 안다면 그 세계에 적응하는 것은 쉽다. 우리는 도대체 어떤 대상에 우리 활동을 바쳐야 하는지 알아야만 우리의 힘을 실천으로 옮길 수 있다.

7

인간 개인성

철학자들은 우리가 외부 대상들과 같지 않으면서도 우리 관념들이 그에 상응하는 형태를 가진다는 점을 설명하는 데 가장 큰 어려움을 겪는다. 그러나 자세히 들여다보면 이 어려움은 사실 존재하지 않는다. 우리는 분명 외부 대상들과 일치하지 않지만 우리는 그것들과 하나로 같은 세계 안에 속해 있다. 보편 우주적 과정의 흐름은 나 자신을 주체로 느끼는 세계의 한 부분을 지나간다. 내 지각 안에서 나는 언뜻 보기에 내 피부 안 경계 속에 갇혀 있는 것 같다. 하지만 피부 안에 담겨 있는 것 모두 전체로서 우주 안에 속해 있다. 그러니 내 유기체와 외부 대상들 간의 관계가 지속되기 위해 외부의 어떤 것이 내 안으로 들어와야 하거나 편지 봉투의 인장처럼 마음에 어떤 인상을 남겨야 할 필요는 없다. '내 3m 앞에 놓인 나무에 대한 앎을 어떻게 얻는가?' 하는 질문은 완전한 오해를 불러일으킬 수 있다. 이는 내 몸의 경계가 외부 대상의 정보를 걸러내는 역할을 하는 확고한 장벽이라는 관점에서 생겨난다. 내 몸에서 움직이고 있는 힘들은 외부에 존재하는 것과 같다. 그러니 나는 정말로 대상들과 일치하지만, 그것은 지각 주체로서의 내가 아닌 보편 우주적 과정의 일부인 나로서다. 나무의 지각은 내 자아와 같은 전체에 속한다. 보편 우주적 과정은 여기에서는 나무에 대한 지각을, 저기에서는 내 자아 지각을 만들어낸다. 내가 만약 세계를 탐구하는 이가 아니라 창조한 이였다면 주체와 대상(지각과 자아)은 하나의 행위에서 기원했을 것이다. 왜냐하면, 이 둘은 상호 호혜적이기 때문이다. 이 둘은 세계에 대해 상호 보완적 측면을 가지기 때문에 나는 오직 개념이란 수단으로 둘 사이를 연결하는 사고를 활용해서만 이 둘의 공통 요소를 찾을 수 있다.

이 영역에서 몰아내기 가장 어려운 것은 소위 지각의 주관성에 대한 생리학적 증거라 부르는 것이다. 내 피부에 힘을 가할 때 나는 압력을 경험한다. 같은 압력을 눈을 통해 빛으로 느끼고, 귀를 통해 소리로 느낀다. 눈을 통해 빛이라는 전기적 충격을 경험하고 귀를 통해 소리를 경험하고 피부 감각을 통해 닿는 느낌을 그리고 코를 통해 인(燐)의 냄새를 경험한다. 이 사실들이 알려주는 것은 무엇일까? 내가 빛, 소리 혹은 특정 냄새에 따른 압력 혹은 전기적 충격 등등을 경험한다는 것뿐이다. 눈이 없다면 어떠한 빛의 특징도, 귀가 없다면 어떠한 소리의 특징도 내 환경 안에 있는 역학적 진동에 대한 지각을 불러오지 못한다 등등. 그렇다면 과연 우리는 감각 기관이 없이는 이 모든 과정이 전혀 존재하지 않는다고 말할 수 있는가? 전자적 과정이 눈에 빛이라는 감각을 일으킨다는 사실로부터 우리가 빛이라 느끼는 것은 그저 움직임의 역학적 과정이라 결론짓는 이들은 그들이 모든 지각을 완전히 초월하는 어떤 것에 대해서가 아니라 단지 하나의 지각과 또 다른 지각 사이에서 논쟁 중이라는 것을 잊고 있다. 눈이 주변 움직임의 역학적 과정을 빛으로 지각한다고 말할 수 있는 것처럼 자연법칙에 의해 결정되는 한 대상 안의 모든 변화는 우리에게 움직임의 과정으로 지각된다. 만약 내가 돌아가는 원판에 말 한 마리가 연속해서 이어지는 움직임을 열두 개로 나눠 그려 넣고 그 원판을 돌린다면 나는 말이 움직이는 모습의 착시현상을 만들어낼 수 있다. 나는 그저 연속적으로 달라지는 말의 자세들을 규칙적으로 지각하며 그림 사이의 틈을 뛰어넘어 보기만 하면 된다. 그러면 나는 따로 있는 열두 개의 말들이 아니라 질주하는 한 마리의 말을 지각하게 된다.

그러므로 위에 언급한 생리적 사실들은 지각과 관념의 관계에 대해 어떠한 이해의 실마리를 주지 못한다. 그래서 우리는 다른 방법을 찾아야만 한다. 하나의 지각이 내 의식 안에 나타나는 순간 사고 역시 내 안에서 움직이기 시작한다. 내 사고 체계의 한 구성원이자 확실한 직관, 하나의 개념이 지각과 자신을 연결한다. 다음으로 내 시야에서 지각한 것이 사라지고 나면 무엇이 남을까? 지각 순간 얻어진 그 특정 지각에 대한 직관이다. 그 뒤에 내가 기억해내고자 하는 것의 생생

함의 정도는 내 정신과 신체적 유기체가 작동하는 방식에 따라 달라진다. 하나의 관념은 특정 지각에 따른 하나의 직관에 불과하다. 하나의 개념도 한때 지각에 연결되었던 것이며 지각의 특징들을 간직하고 있다. 사자에 대한 내 개념은 사자에 대한 내 지각들로 구성되지 않는다. 하지만 사자에 대한 내 관념은 지각이 유도하는 대로 만들어진다. 나는 사자를 한 번도 보지 못한 사람에게 사자에 대한 개념을 가르칠 수 있을지 몰라도 그 자신이 만든 지각의 도움 없이는 결코 그에게 살아 있는 하나의 관념을 줄 수 없다.

즉 하나의 관념은 따라서 개인화된 개념일 뿐이다. 이제 우리는 어떻게 실제 대상들이 우리에게 관념들로 나타날 수 있는지 볼 수 있다. 한 사물의 전체 실재는 우리에게 개념과 지각의 조합을 통한 관찰의 순간에 나타난다. 개념은 지각의 수단으로서 개인화된 형태, 이 특정한 지각과의 관계를 얻는다. 이러한 개념을 수반한 개인화된 형태 안에서, 지각에 대한 관련성, 본질적인 특성으로서, 그것은 계속 우리 안에 존재하고 의문 속에서 사물의 관념을 구성한다. 만일 우리가 그것 스스로와 연결된 똑같은 개념을 지닌 두 번째 사물을 마주친다면, 우리는 그 두 번째를 첫 번째와 같은 종류의 존재로 인식한다. 만일 우리가 똑같은 사물을 두 번 마주친다면, 우리는 우리의 개념적 체계에서 단지 호응하는 개념이 아니라 이러한 같은 대상과의 특정적 관계를 지닌 개인화된 개념을 발견하게 되고 그 결과 우리는 대상을 다시 인식한다.

그렇다면 관념은 지각과 개념 사이에 있다. 관념은 지각이 지정한 확정된 개념이다.

내 관념들의 총합을 내 경험이라 불러도 좋다. 더 많은 수의 개인화된 개념들을 가진 이는 더 풍부한 경험을 가진 사람이 된다. 직관력이 없는 사람은 경험을 얻는 능력도 결여된다. 그런 이에게 대상들은 그의 의식장에서 다시 사라져버리고 만다. 왜냐하면, 그에게는 대상과 연결할 개념이 없기 때문이다. 반면 사고 능력은 잘 개발됐으나 감각 기관이 서툴러 지각이 잘 이루어지지 않는 사람 역시 경험을 얻는 데 더 능력이 뛰어날 수 없다. 그는 어떻게 해서든 개념들을 획득하지만, 그에게 직관을 줄 특정 대상에 대한 살아 있는 참고 사항이 없기 때문이다. 사고하지 않는 이 여행자와 추상적 개념 체계 안에 중독된 학생 모두 풍부한 경험을 얻을 능력이 결여된다는 점에서 같다.

실재는 우리에게 지각과 개념이 합쳐진 모습으로 나타나고 이 실재의 주관적 표현이 관념으로 나타난다.

만약 우리의 주관적 개인성이 오직 인식 안에서만 표현된다면 모든 객관적인 것의 전체는 지각과 개념 그리고 관념 안에 갇히게 된다.

그러나 우리는 사고를 이용해 단지 지각을 개념으로 귀착시키는 데 그치지 않고 그것들을 개인적 주체성, 즉 자아(Ego, 自我)와 연결한다. 개인으로서 우리에게 연결된 것의 표현이 느낌이고 그 자체는 쾌와 고통으로 나타난다.

사고와 감성은 이미 경험적 토대가 만들어진 우리 존재의 이원적 본성에 부합한다. 사고라는 수단으로 우리는 보편 우주적 과정 안에 적극적인 역할을 맡는다. 감성이라는 도구로 우리는 우리 존재의 좁은 구역 안으로 물러난다.

사고는 우리를 세계와 이어주고, 감성은 우리 자신에게로 다시 이끌어 결국 우리를 개인으로 만든다. 우리가 단지 사고하고 지각만 하는 존재였다면 우리의 삶 전체는 단조로운 무심함 속에 흘러갈 뿐일 것이다. 우리가 우리 자신을 오직 자아들(Selves)로만 알고 있다면 우리는 자신에 대해 완전히 무관심할 수밖에 없다.※ 자아 인식만으로는 자기만의 느낌만 경험할 수 있고, 대상에 대한 지각만으로는 쾌와 고통만 알 수 있을 뿐이기에, 우리는 외부 세계에 대해 만든 개념적 관계로 고갈된 개인으로서뿐 아니라 각자 안에 특별한 가치를 가진 개

※ 개인이 자신을 개념적인 앎으로만 파악한 상태를 말하고 있다. 대상화된 자신을 표기하기 위해 영어판에는 대문자 Selves가 쓰였다. 이렇게 냉정하게 지적으로 파악된 자신이 아닌 감성적 개인을 표기하기 위해 이어지는 문장에서 '가치를 가진'이라는 대비가 나온다.

인으로 살아간다.

어떤 이는 감성을 통한 삶이 사고를 통해 세계를 이해하는 것보다 실재에 더 흠뻑 젖은 삶이라 여길 수 있다. 그러나 이에 대한 나의 답은, 감성의 삶은 결국, 내 개별 자아에 의해서만 이 같은 더 풍부한 의미를 얻을 수 있다는 것이다. 왜냐하면, 전체로서 우주에서, 나에 대한 지각으로서 내 감성은 개념과 연결됨으로써만, 이 우회적 방식을 통해 우주와 연결될 때만 가치가 있기 때문이다.

우리의 삶은 보편적 세계-과정에서 우리에게 주어진 부분과 우리 것인 개인 존재 사이를 끊임없이 오가는 진동자다. 우리가 사고의 보편적 본성으로 더 높이 올라갈수록, 마침내 한 개인을 개념의 사례로만 관심을 가질 때, 어떤 개인적 특성, 특유의 개성은 우리 안에서 사라질 것이다. 우리가 개인적 삶의 심층으로 더 깊이 하강하며 우리 감성의 진동이 외부 세계에 대한 경험들을 따라가게 놔둘수록, 우리 자신은 보편 우주적 삶으로부터 더 단절된다. 진정한 개인성은 자신의 감성이 가능한 가장 먼 이상의 영역에까지 이르게 하는 이의 것이다. 어떤 이들은 가장 일반적 관념조차 누가 만든 것인지 분명하게 알 수 있는 개인 고유의 특성을 가미하여 지닌다. 어떤 이들은 마치 피와 살이 있는 존재가 만들어낸 것이 아닌 것같이 개인성의 흔적을 도무지 찾을 수 없는 관념들을 지닌다.

심지어 관념조차 우리의 개념적 삶에 개인성을 새긴다. 우리 각자는 모두 세계를 마주보는 고유한 관점이 있다. 우리의 개념은 그 자체를 우리 지각에 연결한다. 우리 모두 일반적 개념을 형성하는 각자의 특별한 방식이 있다. 지각들의 범위가 작동하는 방식인 세계에 대한 특별한 관점에 기인한 우리 각자의 특성은 전체에서 그가 어디에 존재하는지에 달렸다. 여기서 말하는 개인성의 조건을 우리는 환경이라 부른다.

 우리 경험의 이 특성은 우리 고유 유기체에 따라 달라지는 것과는 구별해야 한다. 우리는 모두 각자 고유하고 완전히 결정된 개인이다. 우리는 모두 각자의 지각들에 가장 다양한 정도로 특별한 감성들을 결합시킨다. 이는 단지 우리 모두의 개성에 있는 개별적 요소다. 이는 우리가 속한 환경에서 오는 모든 영향들을 허락했을 때 남는 것들이다. 사고가 부재한 감성의 삶은 세계와 조금씩 단절되어갈 것이다. 그러나 인간은 하나의 전체가 되어야 할 운명이며 대상들에 대한 앎은 손에 손을 잡고 인간 본성 내 감성 면의 발전과 교육을 위해 나아갈 것이다. 감성은 무엇보다 개념이 구체적 삶을 얻는 수단이다.

8

앎의 한계가 있는가?

우리는 현실을 설명하기 위한 요소들이 지각과 사고의 두 영역에서 취해져야 한다는 것을 확립했다. 그것은 앞서 보았듯 주체로서 우리 자신들을 포함한 실재의 전체가 우리 유기체에게는 언뜻 보기에 이원 적으로 나타나기 때문이다. 앎은 실재의 두 가지 요소인 지각과 개념의 온전한 융합을 통해 이 이원성을 초월한다. 지각과 개념으로 구성된 통일된 전체와 구별하기 위해, 세계가 앎이라는 수단을 통해 그 본질을 나타내기 전에, 우리 앞에 스스로 나타나는 방식을 "표면적 세계"라 부르기로 하자. 그러면 우리는 세계가 우리에게 이원적으로(이원론) 주어지고 앎은 그것을 통합으로(일원론) 바꾼다고 말할 수 있다. 이 기본 원칙에서 시작하는 철학을 일원론적 철학 혹은 일원론이라 부를 수 있다. 이와 반대 입장에 있는 것이 두 개의 세계 이론 혹은 이원론이다. 이원론은 하나의 실재하는 세계에 두 가지 면이 있고 이는 우리의 유기체 때문에 서로 떨어져 있다고 말하지 않고 완전히 서로 구분되는 두 개의 세계가 있다고 주장한다. 그런 다음 이 두 세계 중 하나에서 다른 쪽에 대한 설명 원리를 찾으려고 시도한다.

그러나 이원론은 우리가 앎이라 칭하는 것에 대한 거짓 개념에 기초한다. 그것은 실재하는 세계 전체를 두 개의 영역으로 나눠 각 영역이 고유 법칙을 가지고 한 세계가 다른 세계 밖에 존재하는 것으로 만든다.

지각 대상과 물자체 사이를 이처럼 구분하는 것은 칸트가 철학에 도입한 후 오늘날까지 몰아내지 못한 이원론으로부터 시작된다. 우리 해석에 따르면, 특정 대상이 우리에게 오직 지각으로만 나타나는 것은 우리 유기체의 특성 때문이다. 그리고 사고는 각각의 지각을 전체인 하나의 세계 안에 그 자리를 찾아줌으로써 이 특이성을 초월한다. 우리가 지각으로써 우주를 나눠진 부분들로 확정하는 한, 우리는 그저 이 분류 안에서 우리의 주관적 구조의 법칙을 따를 뿐이다. 그렇다고 만약 우리가 모든 지각을 모아서 한 부분으로 여기고 이것을 두 번째 부분, 즉 물자체와 대조하여 생각한다면, 우리의 철학은 허공에 성을 짓는 것이 되고 만다. 그리고 이것은 그저 개념을 가지고 노는 것에 불과하다. 우리는 인위적 대립을 만들어내지만 특정한 사물 안에 지각 외에는 아무 내용도 찾을 수 없기에 이 두 번째 대립되는 것의 내용을 찾을 수 없다.

지각과 개념 영역 밖에 있다고 상정되는 모든 종류의 실재는 입증되지 않은 가설의 영역으로 물러나야 한다. 이 범주에 속하는 것이 "물자체"다. 물론 이원론적 사고를 하는 이가 그의 경험에서 오는 사실들과 가설로 세운 세계-원리 사이의 연결고리를 찾지 못하는 것은 당연하다. 가설적 세계 이론에서 내용은 경험으로부터 그것을 빌려왔다는 사실에 눈감을 때만 찾아질 수 있다. 그렇지 않으면, 그 개념은 텅 빈 무의미한 개념, 내용 없는 형식이 되기 때문이다. 보통 이런 경우 이원론적 사고를 하는 이는 그 개념의 진짜 내용에 대한 앎에 우리가 접근조차 못한다고 주장한다. 우리는 그런 내용이 존재함을 알 수 있지만 그것이 무엇인지 모른다는 것이다. 어느 쪽이든 이원론을 극복하기는 불가능하다. 설령 세계에 대한 경험에서 몇 가지 추상적 요소를 가져와 물자체의 내용에 추가한다 해도 풍부한 삶의 구체적 경험들을 이 몇 가지 요소로 압축시키는 일은 불가능하다. 그리고 이 몇 가지 요소들 역시 결국 경험에서 가져온 것이다. 뒤 부아레몽(Du Bois-Reymond, 독일 생리학자)은 감지할 수 없는 물질의 원자들은 그 위치와 움직임으로 감각과 느낌들을 만들어낸다고 주장한 후, 이 선행 조건에서는 결코 물질과 움직임이 어떻게 감각과 느낌을 만들어내는지에 대해 만족할 만한 설명을 할 수 없다고 단언했다. 왜냐하면, "그것은 탄소, 수소, 질소 등 다수의 원자들이 어떻게 위치하고 움직이며, 어떻게 위치했고 움직였으며, 혹은 어떻게 위치하며 움직일 것인지는 무관하지 않다는 점에 대해 완벽히 또 영원히 알 수는 없기 때문이다. 그들의 상호작용이 어떻게 의식될지는 전혀 알 길이 없"기 때문이라는 것이다. 이 결론은 이 학파의 전체적 경향을 보여주는 특징이다. 위치와 움직임은 풍부한 지각의 세계에서 추출한 것이다. 그리고 그것은 허구적 원자의 세계로 옮겨진다. 그러고 나서 우리는 우리가 지각 세계로부터 빌려와 만든 원리로부터 구체적 삶으로 진화하는 데 실패한 것에 놀란다.

완전히 텅 빈 물자체라는 개념에서 시작하는 이원론자는 세계에 대한 어떤 설명도 얻을 수 없고, 심지어 위에 말한 자신만의 원칙을 따라간다. 어떤 경우든 이 이원론자는 인간의 앎의 능력에 있어 극복할 수 없는 장애물이 있음을 설정하지 않을 수 없다. 일원적 세계관을 따를 이는 세상에 나타나는 어떤 현상을 설명하기 위해 그가 필요한 모든 것은 이 세계 자체에서 찾아야 한다는 것을 안다. 그것을 찾지 못하게 하는 것은 오직 시공간의 제한 혹은 일반적 인간 유기체의 것이 아니라 그 자신의 인간 유기체의 결함이다.

우리가 정의한 앎의 개념에 따르면 앎에 한계가 있다는 말은 있을 수 없다. 앎은 일반적으로 우주의 문제가 아니라 인간이 스스로 해결해야 할 문제다. 외부의 사물들은 설명을 요구하지 않는다. 그것은 사고로 발견할 수 있는 법칙에 따라 상호작용하며 존재한다. 그것은 이 법칙들에 의해 분리할 수 없는 통일체로서 존재한다. 그러나 우리 인간은 자아로 인해 그것과 대립하고 처음에는 그저 우리가 지각들이라 부른 것에만 매달린다. 하지만 우리 안에는 실재의 다른 면을 찾을 수 있는 힘이 있음을 발견한다. 오직 자아가 세계 안에서 나누어질 수 없이 하나로 묶여 있는 실재의 두 요소를 통합할 때, 우리의 앎에 대한 갈증은 진정된다. 그 결과 자아는 다시 실재를 만난다.

그러므로 앎의 계발을 위한 전제는 자아를 통해, 자아를 위해 존재한다. 스스로를 앎의 문제로 제기하는 것 역시 자아다. 자아는 그것 자체로는 아주 명백하고 투명한 요소인 사고로 이렇게 한다. 만약 우리가 스스로 답할 수 없는 질문을 한다면 그것은 질문의 내용이 여러 면에서 명백하지 않거나 뚜렷하지 않기 때문이다. 질문을 던지는 것은 세계가 아니라 바로 질문하는 우리 자신이다.

나는 질문의 내용이 나오는 담론의 세계를 모른 채 어딘가에 적힌 질문에 대답하는 것은 불가능하다고 여긴다.

앎의 문제에 있어 우리는, 시공간과 우리의 주관적 유기체에 의해 조건 지어진 지각들의 세계가 보편적 전체성을 표현하는 개념들의 세계에 대항한다는 사실로부터 제기되는 질문에 관심을 갖는다. 우리의 과제는 우리가 익숙한 이 두 개의 영역을 서로 동화하는 것이다. 여기서 앎의 한계에 대해 논할 여지는 없다. 특정 순간 장애물이 있는 경우, 관련 대상들을 지각하는 데 방해를 받기도 해서 이것저것을 다 설명하지 못한 채 남겨질 수도 있다. 그러나 오늘 발견되지 못한 것이 내일 쉽게 발견될 수도 있다. 이런 원인에 의한 제약은 임시적일 뿐이고 지각과 사고가 진행됨으로써 극복된다.

　　이원론은 오직 지각의 세계에서만 의미 있는 주체와 대상의 대립을 이 세계 밖의 순수한 개념적 본질로 옮겨가는 오류를 범한다. 이제 분명하고 분리된 지각 세계에 있는 것들은 지각하는 이가 사고하기를 꺼려 하는 한 분리된 채 남는다. 왜냐하면, 사고는 모든 분리를 없애고 그것을 순전히 주체의 조건 때문이었던 것으로 드러내기 때문이다. 그러므로 이원론자는 지각 세계에서조차 완벽하지 않고 그저 상대적 유효성을 갖는 지각 세계의 추상적 결정들을 지각 세계를 초월하는 본질 영역으로 옮겨간다. 이렇게 하여 그는 앎의 과정에 연관된 두가지 요소, 즉 지각과 개념을 다음의 네 가지로 나눈다. (1) 대상 자체 (2) 주체가 대상에 대해 갖는 지각 (3) 주체 (4) 대상 그 자체에 지각을 이어주는 개념. 주체와 대상의 관계는 "실재"다. 그 주체는 실제로(역동적으로) 대상의 영향을 받는다. 이 실제 과정은 의식되지 않는다. 그러나 이것은 주체 안에 대상에서 오는 자극에 대한 반응을 불러일으킨다. 이 반응의 결과가 지각이다. 이것은 그제야 의식 안에 나타난다. 대상은 객관적인(그 주체와는 독립된) 실재를 갖고 지각은 주관적 실재를 갖는다. 이 주관적 실재는 주체에 의해 대상에 대한 내용과 연관 지어진다. 그 내용은 하나의 관념적인 것이다. 이원론은 그리하여 앎의 과정을 두 부분으로 나눈다. 첫 번째는 물자체가 만든 지각의 대상으로, 그는 이것이 의식 밖에서 일어나는 것으로 이해한다. 반면 두 번째는 지각과 개념의 조합 그리고 후자의 물자체에 대한 연관으로, 그에 따르면 의식 안에서 일어난다.

이 가정에서 보면, 이원론에서 왜 개념을 그저 의식 외부 것에 대한 주관적 재현으로만 보는지 분명해진다. 지각이 만들어진 방법으로 주체 안에 있는 객관적 실제 과정과 물자체들 사이의 객관적 연관성은 이원론자에게 직접적 앎을 얻을 수 없는 것으로 남는다. 그들에 의하면, 인간은 객관적 실재에 대한 개념상의 재현만 얻을 수 있다. 물자체들을 연결하고 이를 다시 인간의 개별 의식(물자체들처럼)에 객관적으로 잇는 통합력은 우리 의식 밖 신적 존재에 있고, 다시 한 번 우리는 그저 개념적 재현만 가질 뿐이다.

이원론자는, 그가 개념적 대상 외에 실제적 관계의 존재를 상정하지 않으므로, 이 세상 전체가 단지 개념들의 추상적 구조에 용해될 것이라고 믿는다. 달리 말하면, 사고가 발견한 관념적 이론은 이원론자에게 너무나 뜬구름 같아서, 그는 그들을 지지해줄 실제 이론을 부가적으로 찾는다.

이 실제적 원리들을 좀 더 자세히 검토해보자. 그 순진한 사람(소박실재론)은 감각 경험의 대상들을 실재라 여긴다. 그가 물건을 잡을 수 있고 눈으로 볼 수 있다는 사실로 그 대상은 그에게 실재를 충분히 보장한다. '지각할 수 없는 것은 존재하지 않는다.'가 그 순진한 이의 첫 번째 공리다. 그리고 그 반대인 '지각한 모든 것은 존재한다.' 역시 똑같이 유효하게 적용된다. 이 주장의 최고 증거는 그 순진한 이의 영원 불멸과 유령에 대한 믿음이다. 그는 영혼을 감각으로 지각 가능한 물질의 미세한 한 종류로 보고 특별한 조건에서 일반인의 눈에 보일 수도 있다고 생각한다.(유령에 대한 믿음)

이와는 반대로 소박실재론자는 '진짜인' 세계에서 다른 모든 것, 특히 관념의 세계는 실재가 아닌 "그저 관념상의" 것으로 치부한다. 그에게 우리가 사고를 통해 대상에 더하는 것은 대상에 대한 단순한 생각일 뿐이다. 사고는 지각에 어떠한 실재적인 것도 더하지 않는다.

그러나 순진한 이가 실재를 보증하는 유일한 것으로 지각을 꼽는 것은 사물의 존재에 관한 것뿐 아니라, 세계 운동 과정의 존재에 대해서도 똑같이 적용한다. 그에 의하면, 하나의 사물은 오직 지각에 존재하는 힘이 다른 사물에 작용할 때에만 다른 사물에 영향을 줄 수 있다. 가장 좋은 의미로 표현해서 소박실재론자였던 고대 그리스의 철학자들은 시력에 관해 눈이 대상을 만지는 촉수를 내보낸다는 이론을 주장했다. 그 이전의 물리학자들은 아주 미세한 물질이 대상에서 뿜어져 나와 감각 기관을 뚫고 영혼에 들어와 닿는다고 믿었다. 이 물질을 실제로 지각하는 것은 우리의 감각 기관이 이 미세한 물질에 비해 거칠기 때문에 불가능하다고도 믿었다. 실재를 이러한 물질에 기원하는 것으로 보는 것은 실재를 감각 세계의 대상으로 보는 것과 사실상 같다. 즉, 그와 같은 종류의 존재는 지각되는 실재와 유사하다고 생각했다.

같은 의미에서 관념으로 스스로 충족되는 존재는 그 순진한 이에게 역시나 실재가 아니다. "오직 관념에서만" 이해한 하나의 대상은 감각지각이 실재의 증거를 제공하기 전까지 하나의 망상으로만 여겨진다. 한마디로, 그 순진한 이는 그의 사고 작용의 관념적 증거에 더하여 그의 감각에 대한 실제 증거를 요구한다. 순진한 이의 이러한 요구에는 계시에 대한 믿음의 기원이 저변에 깔려 있다. 우리가 사고로 파악하는 그 신은 언제나 그저 우리에게 신에 대한 관념으로 남아 있다. 순진한 의식을 가진 이는 신이 우리 감각으로 접할 수 있는 모습으로 그 자신을 드러내길 요구한다. 신은 반드시 사람의 모습을 해야 하고 그의 신성을 우리의 감각 수준으로 입증하기 위해 물을 와인으로 바꿔야 한다.

심지어 앎 그 자체도 순진한 이에게는 감각지각의 과정과 비슷한 것으로 이해된다. 사물이 그의 의식에 인상을 남기거나 우리의 감각에 들어올 때 그 사물의 복제물을 보내는 식으로 말이다.

그가 실재라 여기는 그의 감각으로 지각할 수 있는 것과 지각하지 못하는 것(신, 혼, 앎 등)은 그가 지각할 수 있는 것의 유사물로 여긴다.

소박실재론에 기반한 과학은 오직 지각의 내용에 대한 정확한 묘사로만 구성된다. 개념은 오직 이 목적의 수단일 뿐이다. 개념은 지각의 관념적 대응을 제공하기 위해서만 존재한다. 그 사물과는 전혀 연관이 없다. 소박실재론자에게는 오직 우리가 볼 수 있는 개별적 튤립만이 실재다. 마음이 튤립들의 공통점으로부터 떠올린 비실재적 심상인 튤립의 보편적 관념은 그에게 하나의 추상이다. 모든 지각의 실재에 기본 원리를 둔 소박실재론은 지각의 내용이 본질적으로 덧없음을 알려주는 우리의 경험과 상충된다. 내가 보는 튤립은 오늘은 실재지만 일 년 후에는 무(無)로 사라지고 말 것이다. 지속되는 것은 "튤립"이라는 종(種)이다. 그러나 소박실재론자에게 이 종은 그저 하나의 관념일 뿐 실재가 아니다. 따라서 이 이론의 세계에서는 실재가 생겨났다 사라지는 것을 목격하는 자기모순적 입장을 발견하게 되고, 반면 그들이 비실재로 여기는 것이 지속되는 것을 목격한다. 이런 이유로 소박실재론자는 지각 옆에 있는 관념적 어떤 것의 존재를 인정하도록 강요받는다. 그러려면 그 안에 감각으로 지각할 수 없는 개체가 있어야 한다. 그것을 인정함으로써 그 존재를 감각 대상적 존재와 유사물로 생각해버리는 식으로 자기모순을 피하는 것이다. 그런 가설적 실재가 감각지각 대상들이 상호작용하는 보이지 않는 힘이다. 또 다른 그런 종류의 실재는 그 종이 유지되도록 돕는 유전이다. 그것은 한 개인으로부터 살아남고 그로부터 비슷한 새로운 존재를 생겨나게 한다. 유기적 몸에 스며든 삶의 법칙인 혼은 그러한 실재의 또 다른 예이지만, 순진한 이는 언제나 그것을 감각지각한 것의 유사물로 여긴다. 마지막으로 순진한 이가 지각한 신적 존재는 정말로 가상의 독립체다. 그 신은 정확히 인간 자신이 지각하는 방식에 대응하는 방식으로 행위한다고 여겨진다. 그 예가 의인화된 신이다.

현대 과학은 감각을 물체의 아주 작은 입자들의 움직임과 에테르라는 무한히 작은 물질들로 추적한다. 예를 들어 우리가 경험하는 온기는 신체 부분들의 움직임으로 그 신체가 자리한 공간에 온기를 만들어내는 것이다. 역시 여기에서도 지각 불가능한 어떤 것이 지각 가능한 것의 유사물로 여겨진다. 그래서 지각에 있어 "신체"라는 개념은 사방이 막혀 있고 고무공들이 그 안에서 온갖 방향으로 움직이고 위아래로 튕기며 서로 부딪히는 방의 내부로 비유된다.

소박실재론의 세계는 이 전제가 없으면 상호 연관성도 없고 통합되지 않은 지각의 분절된 혼란 속으로 무너져버린다. 그러나 이런 전제는 명백하게 오직 자기모순이 있어야만 성립된다. 오직 지각한 것만이 실재라는 그들의 기본 법칙을 따른다면, 그들은 아무것도 지각해내지 못하는 실재를 추정해서는 안 된다. 지각 가능한 것들이 지각 불가능한 힘들의 운반물이라는 것은 사실 소박실재론의 관점에서 근거없는 가설이다. 허나 그들은 다른 실재는 모르기에 가설적 힘들을 지각의 내용에 부여해버린다. 그러고는 존재의 한 형태(지각들의 존재)를 존재에 대한 주장을 위한 유일한 수단, 즉 감각지각이 없는 영역으로 보내버린다.

이런 자기모순적 이론은 형이상학 실재론으로 이어진다. 후자는 지각 가능한 실재를 제외하고는 전자의 유사물인 지각 불가능한 하나를 만들어낸다. 그러므로 형이상학 실재론 역시 필연적으로 이원론이다.

형이상학적 실재론이 지각 가능한 것들(움직임을 통한 상호 접근, 의식 안으로 물체의 등장 등)의 연관성을 관찰할 때마다 그들은 하나의 실재를 상정한다. 그러나 그들이 인식하게 되는 것의 연관성은 사고라는 수단을 통해 표현될 뿐 지각할 수 없다. 그 관념적 연관성은 불합리하게도 지각 가능한 어떤 것에 흡수되어버린다. 따라서 이 이론에 의하면 세계는 떠오르고 사라지기를 반복하는 끊임없이 유동적인 대상의 지각과 영원하며 지각 가능한 것을 만들어내는 지각 불가능한 힘으로 구성되어 있다.

형이상학적 실재론은 관념주의와 소박실재론의 혼합이며 자기모순적이다. 그것의 힘은 지각에 적합한 특성을 부여받은 지각 불가능한 실체다. 형이상학적 실재론자는 감각-지각이란 앎의 도구를 사용하는 영역에 더해 이 도구가 작동하지 않으며 오직 사고만으로 알 수 있는 영역이 있다고 인정하기로 마음먹었다. 그러나 그는 동시에 사고가 밝히는 존재의 방식, 즉 그 개념(혹은 관념)이 지각과 같은 권리를 가진다는 것을 인정하기로 마음먹을 수는 없다. 우리가 '지각 불가능한 지각'이란 모순을 피하려면 사고가 추적하는 지각 사이의 연관성이 개념과 다른 방식으로 존재할 수 없음을 인정해야 한다. 누군가 형이상학적 실재론의 유지될 수 없는 영역을 부정해보면 세계에는 지각들의 축적과 그것들의 개념적(관념적) 관계들만 남는다. 그러면 형이상학적 실재론은 지각들의 지각 가능성 원리와 지각들 사이 관계에 대한 상상 가능성의 원리를 세계관 속에서 합쳐버린다. 이러한 세계관에는 지각과 개념 세계에 더해서 이른바 "실재"와 "관념"의 원리 두 가지가 동시에 유효하게 존재할 제3의 영역이 없다.

형이상학적 실재론자가 지각 주체와 지각 대상 간의 관념적 관계 외에 "물자체"로서의 지각과 "물자체"로서의 주체 (소위 개인적 마음) 사이에 진짜 관계가 있다고 주장할 때, 지각 세계의 과정과 유사하지만 지각 불가능한 진짜 과정이라는 부당 전제 주장에 기초하고 있다. 나아가 그가, 우리는 지각들의 세계와 의식적인 관념적 관계에 놓여 있지만 실제 세계와는 오직 역동적(힘) 관계에만 있다고 주장하는 것은 우리가 이미 비판한 것과 같은 오류를 범하는 것이다. 우리는 오직 지각 세계(촉각의 영역) 밖이 아니라 안에서만 역동적 관계에 대해 말할 수 있다.

조금 전 우리가 특징지은 그리고 형이상학 실재론이 자기모순의 요소를 버렸을 때 합쳐질 수 있는 그 관점을 일원론이라 부르자. 왜냐하면, 이것은 편향된 실재론과 관념론을 높은 차원에서 통합하기 때문이다.

소박실재론에서 실제 세계는 지각의 총합이다. 형이상학적 실재론에게 실재는 지각들과 지각 불가능한 것들이다. 일원론은 역동들을 사고가 제공하는 관념적 연관성으로 대체한다. 이 연관들이 자연법칙이다. 자연법칙은 특정 지각들 간의 연결이 개념적으로 표현된 것일 뿐이다.

일원론은 지각과 개념 외에 실재를 설명하기 위한 다른 원리를 요구하지 않는다. 일원론자는 실재의 왕국에 그러한 질문이 있을 수 없음을 안다. 즉각 이해되는 지각의 세계에서 그는 실재 세계의 반쪽을 본다. 개념의 세계와 통합된 세계에서 그는 온전한 실재 전체를 본다. 형이상학적 실재론자는 우리가 인간 유기체에 관해서는 완전한 앎을 얻을지 모르지만 우리와 같은 유기체로 구성된 것이 아닌 것에 대해서는 그렇지 못하다고 반대할지 모른다. 이에 대해 일원론자는 이렇게 대답할 것이다. 어쩌면 인간 외에도 지적 능력이 있는 존재가 있을지 모른다. 또 만약 그들이 지각을 한다면 그들의 지각 방식이 우리와 다를 수도 있다. 그러나 이것은 다음과 같은 이유로 우리에게 무관하다. 내 지각을 통해, 예를 들면 이 특정한 인간의 지각 방식을 통해, 나는 하나의 주체로서 다른 대상을 마주해야 한다. 그러면 대상들 간의 결합된 연쇄는 끊기지만 그 자아는 사고라는 수단을 통해 그 결합을 다시 이어낸다. 그 과정을 통해 주체는 자신을 전체로서의 우주 안에 다시 집어넣는다. 오직 지각 및 사고 주체로서의 자아만이 지각과 개념으로 나뉘어 보이는 그 두 가지 요소를 재통합할 수 있고 그래야만 우리는 완전한 앎을 얻는다. 우리와 다른 지각 세계를 가진 존재들(예를 들어 우리보다 두 배나 많은 감각 기관을 가진)에게 세계의 결합은 다른 지점에서 분절돼 보일 수 있고, 그러므로 재통합은 그들과 같은 존재들이 적응한 방식으로 이루어낼 것이다. 앎의 한계에 대한 질문은 의식의 내용이 그저 실제 세계의 관념적 재현이라 보는 소박실재론과 형이상학적 실재론자들에게만 문제를 일으킨다. 왜냐하면, 이 이론에서는 주체의 밖에서 오는 것은 모두, 그저 절대적이고 독립적 개체이며 그 주체의 의식 내용은 그에게는 완전히 밖에만 존재하는 절대적인 것의 복제물이기 때문이다. 앎의 완성도는 그 절대적 대상과 재현된 것의 유사성의 정도에 따라 달라지게 된다. 인간보다 적은 수의 감각을 가진 존재는 세계에 대해 더 적은 지각을 가질 테고, 더 많다면 지각도 더 갖게 된다. 그러므로 전자의 앎은 후자의 앎보다 완성도가 낮다.

그러나 일원론이라면 상황이 다르다. 통합된 세계가 주체와 대상으로 분리돼 보이는 지점은 지각 주체의 유기체에 따라 달라진다. 대상은 절대적인 것이 아니며 그저 주체의 본성에 상대적으로 연관되어 있다. 그러니 이 간극은 오직 인간 주체의 특성에 따라 특정한 방식으로 메워질 수 있다. 자아가 건설적 사고를 통해 세계에 대항하게 설정된 지각을 세계-결합에 다시 재통합하는 순간 분리에서 발생한 결과일 뿐인 모든 질문은 멈춘다.

다르게 구성된 존재라면 다르게 구성된 앎을 가질 것이다. 우리는 우리의 앎으로 우리의 정신 구조에 따라 발생하는 질문에 충분히 답할 수 있다.

형이상학적 실재론은 다음과 같이 질문해야 한다. 우리에게 지각을 주는 것은 무엇인가? 지각하도록 주체를 자극하는 것은 무엇인가?

일원론은 지각이 주체에 의해 결정된다고 말한다. 그러나 사고할 때 주체는 스스로 만들어낸 지각을 초월하는 도구를 동시에 갖고 있다.

형이상학적 실재론자는 각기 다른 인간 개인끼리 유사한 세계관을 갖는 현상에 관해 설명할 때 더 큰 어려움에 직면한다. 그는 스스로 질문해야 한다. 주관적으로 결정된 지각과 개념으로 지어낸 내 세계관이 어떻게 또한 나와 다른 개인이 이 두 가지 주관적인 요소로 만들어낸 세계관과 같을 수 있는가? 어떤 경우든, 어떻게 내 주관적 세계관으로 다른 존재의 주관적 세계관을 왈가왈부한다는 것이 가능한가? 형이상학적 실재론자는 실생활에서 서로 어울려 살 수 있다는 이유로 다른 인간 존재의 주관적 세계관과 유사점을 추론할 수 있다고 생각한다. 그는 나아가 이 세계관의 유사점에서 다른 개인적 마음들 사이의 닮음을 추론하는데, 여기서 "개인적 마음(individual mind)"이란 모든 주체 저변에 깔려 있는 "나 자체(I-in-itself)"를 뜻한다.

여기서 우리는 여러 효과들에서 기저 원인의 성격을 추론한다. 우리는 충분히 많은 사례를 관찰한 후 추론된 원인이 다른 경우에 어떻게 작용할지 알 수 있을 만큼 충분히 연결을 알고 있다고 믿는다. 이러한 추론을 귀납적 추론이라 한다. 우리는 추가 관찰이 예상치 못한 사실을 산출한다면 그 결과를 수정할 의무가 있다. 왜냐하면, 결론의 성격은 결국 우리의 실제 관찰의 특정한 세부사항에 의해서만 결정되기 때문이다. 형이상학적 현실주의자는 비록 이러한 조건에 의해 제한되지만, 이러한 원인에 대한 앎은 실용적인 삶에 꽤 충분하다고 주장한다.

귀납적 추론은 현대 형이상학적 실재론의 바탕이 되는 수단이다. 한때 우리는 개념들에서 더는 개념이 아닌 어떤 것을 도출해낼 수 있다고 생각했다. 결국 형이상학적 실재론이 필요로 하는 실재는 개념을 통해 알 수 있을 것으로 생각되었다. 이런 방식의 철학적 논의는 이제 철이 지났다. 그 대신, 충분히 많은 수의 지각한 것의 사실에서 이 사실 뒤에 놓여 있는 물자체의 특성을 추론할 수 있다고 생각한다. 이전에는 개념으로부터였고, 지금은 그 실재론자가 형이상학적 실재를 도출해내고자 하는 지각으로부터다. 개념은 마음 안에 투명하리만큼 명료하므로 우리는 그로부터 절대 확실한 형이상학적 실재를 추론해낼 수도 있다고 생각했다. 지각은 그만큼 명료하게 주어지지 않는다. 각각의 새로운 신선한 지각은 앞선 같은 종류의 지각들과도 조금씩은 다르다. 그러므로 이론상으로 과거의 경험에서 추론한 것은 무엇이든 뒤따르는 경험에 의해 다소 수정된다. 그렇게 획득한 형이상학적 실재의 특징은 뒤따르는 사례에 의해 수정될 수밖에 없으므로 오직 상대적으로만 진리다. 하르트만의 형이상학의 특성은 이 방법론적 원칙에 달려 있다. 그의 중요한 첫 저서의 좌우명은 "과학의 귀납 추론에 근거한 추측 결과"다.

오늘날 형이상학적 실재론자가 그의 물자체에 부여하는 형태는 귀납적 추론에 의해 얻어진다. 앎의 과정에 대한 숙고는 우리가 지각과 개념을 통해 알고 있는 주관적인 세계를 넘어 객관적으로 실제와 같은 세계를 그에게 확신시켜주었다. 그는 이 실재의 본질을 그의 지각에 대한 귀납적 추론으로 결정할 수 있다고 생각한다.

THE REALITY OF FREEDOM

어떤 사람이 어떤 도덕적 규범을 수용하기 때문에 행동한다면, 그의 행동은 그의 도덕률을 구성하는 원리의 결과물이다. 그는 단지 명령을 수행할 뿐이다. 그 사람은 고도로 복잡한 종류의 기계다. 그의 의식에 행위의 자극이 입력되면, 그의 도덕 원리라는 시계태엽은 즉각 작동하고, 문화의 진보를 도모하기 위해 기독교적 혹은 인도적 혹은 이타적 혹은 계산된 행위를 실천하도록 지정된 과정만을 따라간다. 내가 오직 그 대상에 대한 사랑을 쫓을 때 나, 자신이 행위하는 것이다. 이 도덕의 수준에서 나는, 내 위의 주님도, 외부의 권위도, 소위 내 양심의 목소리도 인정하지 않는다. 나는 자신 안에서 행위의 근거, 즉 행위에 대한 사랑을 찾았기에 행위를 위한 외부 법칙을 인정하지 않는다. 나는 내 행위가 좋은지 나쁜지 묻지 않고 행한다. 왜냐하면, 나는 그 행위와 사랑에 빠졌기 때문이다.

자유의 실재

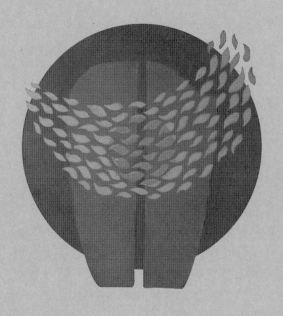

9

삶의 주된 요인들

앞 장에서 얻은 결론들을 개괄해보자. 세계는 인간에게 하나의 다양성으로서, 분리된 개체들의 총합으로 나타난다. 그 자신 역시 이 실체 중 하나며 사물 중 하나다. 우리는 이 세계의 구조가 그저 주어졌다고 말하며, 우리가 의식적 행동을 통해 지어내지 않고 단순히 발견하므로 그것은 지각물들로 구성된다고 말한다. 이 지각들의 세계에서 우리는 우리 자신을 지각한다. 만약 자아의 지각이 모든 지각 사이를 연결하고, 그로써 지각들의 총합을 자기의 지각으로 연결해낼 수 있다고 입증되는 어떤 것을 생기게 하지 않는다면 이는 그저 여러 지각들 중의 하나로 남을 것이다. 이제 모습을 드러내는 이것은 더는 하나의 지각이 아니며 지각처럼 그저 주어지지 않는다. 이것은 우리 행위를 통해 만들어진다. 먼저 이것은 우리 각자가 자아라고 지각하는 것과 밀접하게 관련되어 나타난다. 그러나 그 내적 의미를 보면 그것은 자아를 초월한다. 그것은 분리된 지각들을 서로 연결하며 하나의 전체에 기반한 관념적 규정을 덧붙인다. 자아 지각(self-perception)이 만들어내는 것은 다른 모든 지각이 그런 것처럼 이 어떤 것에 의해 관념적으로 규정되며 대상에 대해 주체 혹은 "나"로서 마주 놓는다. 바로 이것이 사고며 그 관념적 결정은 개념과 관념이다. 그러므로 사고는 먼저 스스로를 자아의 지각과 연결된 것으로 드러내 보인다. 그러나 자아는 오직 사고의 도움으로만 자신을 주체로 특징지을 수 있기에 단지 주체만은 아니다. 사고에 의한 주체와 자신의 관계●는 우리 개인 삶의 근본적 규정 중 하나다. 그것을 통해 우리는 순전히 관념적 삶을 산다. 그 도움으로 우리는 자신을 사고하는 존재로 인식할 수 있다. 우리 삶에 대한 이 규정은 우리 자아에 대한 다른 규정들로 보완되지 않는 한, 순수한 개념상(논리적)의 것으로 남을 것이다. 그러면 우리의 삶은 지각 그 자체와 우리 자신 사이에 관념적 연결고리를 구축하는 데 지치게 될 것이다. 이 관념적 관계의 성립을 "인식 행위" 그리고 결과를 만드는 우리의 상태를 "앎"이라 부르고 위의 추정이 진실이라 간주하면, 우리는 자신을 그저 이해하거나 또는 알아가는 존재로만 여겨야 할 것이다.

그러나 이 추정은 사실이 아니다. 우리는 지각과 우리 자신을 개념을 통하여 관념적으로 연결할 뿐만 아니라 우리가 이미 알아보았듯

●   '사고에 의한 주체'는 의식된 정체성으로서 자아상이고 이어지는 '자신'은 그에 대비되는 존재 자체를 말한다.

이, 감성을 통하여서도 연결한다. 요컨대 우리 삶의 내용이 단지 개념적인 것만은 아니다. 소박실재론자는 개인은 순수하게 앎의 관념적 행위보다 실제 감정의 삶에서 더 진실하게 산다고 주장한다. 그의 입장에서는 그가 문제를 이런 식으로 해석하는 것은 꽤 옳다. 감성은 정확히 지각이 객관적 측면에 하는 것과 같은 역할을 주관적 측면에 한다. 지각할 수 있는 것만이 실재라는 소박실재론의 원칙에 따르면, 감성은 한 주관적 개인성의 실재에 대한 보증이다. 그러나 이 주장이 우리에게 실재의 본성을 주장한다면, 일원론은 지각에 필요한 것과 같은 보완을 감성에 부여해야만 한다. 일원론에서 개념 혹은 관념이라는 두 번째 요소가 빠진 채, 우리에게 먼저 나타나는 감성만으로는 실재를 완성할 수 없다. 이것이 바로 실제 삶에서 감성이 지각처럼 앎보다 먼저 나타나는 이유다. 처음에는 우리에게 존재의 느낌만 있다. 이는 우리 존재를 가득 채운 눈먼 감성의 덩어리로부터 자아 개념이 위로 드러나는 지점에서 우리가 얻는 점진적 성장 과정일 뿐이다. 하지만, 우리에게 나중에야 나타나는 것은 우리의 감정과 뗄 수 없이 얽혀 있는 첫 번째 것에서 비롯된다. 이렇게 해서 그 순진한 이는 그의 감성을 통해서는 존재를 즉시 파악하지만, 앎을 통해서는 오직 간접적으로만 파악한다고 믿는다. 그래서 그에게 정감적 삶의 계발은 다른 어떤 것보다 더 중요하게 다가온다. 그가 감성을 통해 세계의 통합을 파악하기 전까지는 그가 그것을 이해했다고 믿지 않을 것이다. 그는 앎을 위한 도구로 사고보다 감성을 쓰려 노력한다. 이제 감성은 완전히 개인적이고 지각과 같은 어떤 것이 된다. 따라서 감성 철학은 오직 나 자신의 개인성에만 중요성을 갖는 무엇인가에서 우주적 원리를 만들어낸다. 이런 관점을 갖는 이는 자기를 전체 세계 안에 주입한다. 일원론자가 개념으로 이해하려 애쓰는 것을 감성 철학자는 감성으로 파악하려 하며, 자기가 대상과 느꼈던 통합이 앎보다 더 직접적이라고 낙관한다.

방금 설명한 감성 철학의 경향이 신비주의다. 이 관점의 오류는 알아야 할 것을 즉각적 경험을 통해 얻으려 하고 개인적 감성을 우주 원리로 전개하는 것이다.

감성은 순전히 개인적 행위다. 이 관계가 순전히 주관적 경험에서 표현되는 한, 그것은 외부 세계와 주체의 관계다.

여전히 인간 개별성의 또 다른 면이 있다. 자아는 사고를 통해 보편 세계적 삶에 참여한다. 자아는 사고를 통해 지각과 그 자신, 그 자신과 지각 사이의 순수한 관념적(개념적) 관계를 정립한다. 감성을 통해서는 주체로서 자신과 대상 사이의 관계를 즉각 경험한다. 의지를 통해서는 반대가 일어난다. 의지를 통해 우리는 다시 한 번 지각, 즉 자신과 대상과의 개인적 관계에 대해 관심을 둔다. 의지 행위의 어떤 것도 관념상의 요소가 아니며 외부 세계의 한 대상처럼 그저 지각의 대상이다.

그런데도 소박실재론자는 사고를 통해 얻는 어떤 것보다 더 실재인 것이 그 앞에 있다고 믿는다. 그는 의지 안에서 사고와는 대조적으로 행위와 함께 즉시 알게 되는 인과관계 요소를 보는데, 나중에 이 행위는 개념적 형태로 파악된다. 이 관점에서 의지적 자아의 자각은 즉각적 경험 과정이다. 이 철학의 추종자들은 의지 안에서 그가 궁극적 실재를 파악했다고 믿는다. 지각이란 수단을 통해서는 오직 외부에서 발생하는 것을 따라갈 뿐이지만, 의지 안에서는 실재의 과정을 즉각 경험한다고 확신한다. 그에게 존재 방식은 의지에 의해 자신 안에 나타나고 이는 보편적 실재의 근본이 된다. 자신의 의지는 일반 세계-과정의 특별한 한 사례로 보이고, 그러므로 후자는 보편적 의지로 생각된다. 신비주의에서 감성이 앎의 원리인 것처럼 의지는 실재의 원리가 된다. 이 이론을 의지론이라 한다. 여기서는 오직 개인적으로 경험될 수밖에 없는 것이 세계의 지배적 요인이 된다.

의지론은 신비주의만큼 비과학적이라 할 수 있다. 왜냐하면, 두 이론 모두 세계의 개념적 해석이 불충분하다고 주장하기 때문이다. 그들은 모두 관념적인 존재의 원리에 덧붙여 실재의 원리까지 요구한다. 그러나 의지론과 신비주의는 소위 실재의 원리라 불리는 것의 이해를 위한 유일한 수단이 지각이기 때문에, 우리가 사고와 지각이라는 두 가지 앎의 원천을 갖고 있으며 후자는 의지와 감성으로 개인에게 표현된다고 단정한다. 하나의 원천에서 나오는 즉각적 경험이 다른 원천에서 나오는 사고 안으로 바로 흡수될 수 없기에 지각(즉각적 경험)과 사고는 둘 사이를 중재하는 경험의 고차적 형태 없이 병렬적으로 나란히 놓인다. 우리가 앎을 통해 얻게 되는 개념적 원리 옆에 즉각 경험될 수밖에 없는 실재 원리도 놓는다. 다시 말해, 신비주의와 의지론은 즉각 지각된(경험된) 것이 실재라는 교리를 따르므로 소박 실재론을 구성한다. 원시적인 형태의 소박실재론과 비교하면, 그들은 하나의 규정된 형태의 인식(감성과 각각의 의지)을 현실을 아는 배타적 수단으로 받아들이는 더 큰 모순을 범하고 있다는 점에서 유죄다. 이는 그들이 지각된 모든 것은 실재라는 일반 원리를 고수하기에 가능한 것이다. 그렇다면 그들은 앎을 위해 외부 지각에 같은 가치를 부여해야만 한다.

의지론은 의지가 개별 주체에서처럼 더는 즉각적으로 경험될 수 없는 실재의 영역에 존재한다고 주장할 때 형이상학적 실재론으로 바뀐다. 그들은 하나의 원리가 주관적 경험 밖에 있지만 그럼에도 불구하고 존재를 위해 주관적 경험이 유일한 기준이라는 가설을 가정한다. 의지론은 형이상학 실재론의 한 형태로서, 앞선 장에서 전개한 비판, 즉 의지론은 모든 형이상학 실재론에 있는 모순적 요소를 극복하고 의지가 나머지 세계와 관념적으로 연결될 때만 그것이 보편적 세계-과정임을 인식할 필요가 있다는 비판에 열려 있다.

10

자유의 이념

"나무"라는 개념은 "나무"라는 지각에 의해 조건 지어져 우리 앞에 다가온다. 내가 일반적인 개념 체계로부터 선택함으로써 주어진 지각에 적용할 수 있도록 결정되는 개념은 오직 하나다. 개념과 지각의 연결은 지각에 준거한 사고에 의해 간접적·객관적으로 결정된다. 지각과 개념의 연결은 지각 행위 후 인식되지만 둘 사이의 적절성은 각각의 특성에 따라 결정된다.*

의지의 경우는 다르다. 지각은 한 개인으로서, 내 존재의 내용인 반면에 개념은 내 안의 보편적 요소다. 개념을 통해 외부 세계에 대한 관념적 관계로 들어온 어떤 것은 자신의 즉각적 경험, 내 자아의 지각이다.* 더 정확히 말해서, 외부 세계에 영향을 주고 활동 중인 것은 내 자아의 지각이다. 내 의지 행위를 이해하고자 나는 개념을 그에 부합하는 지각, 즉 특정 자유 의지(volition)에 연결한다. 달리 말해 사고 행위를 통해 나는 내 개인적 능력(내 의지)*과 보편적 세계-과정을 연결한다. 경험의 영역에 나타난 외부 지각에 부합하는 개념의 내용은 직관을 통해 주어진다. 직관은 내 전체 개념 체계 내용의 원천이다. 지각은 주어진 상황에 있어 내 직관의 총합 중 어떤 개념을 적용해야 하는지만 보여준다. 개념의 내용은 분명 지각으로 조건 지어지지만, 지각이 만들어내지는 않는다. 반대로 그것은 직관적으로 주어지고 사고 행위를 통해 지각에 연결된다. 이 행위를 통해 추론할 수 없는 의지 행위의 개념적 내용에서도 마찬가지다. 그것은 직관으로 주어진다.▪

만약 내 의지 행위의 개념적 직관(관념적 내용)이 그에 부합하는 지각보다 앞서 일어난다면, 내가 행위하는 것의 내용은 내 관념으로 정해진다. 내가 여러 선택 가능한 직관 중 특정 직관을 택한 이유는 지

● 지각과 개념의 연결은 사고에 의해 행해지고 사후적으로 의식도 되지만 그것이 적합하고 타당했는지 여부는 지각, 개념, 사고의 수준에 달렸다는 뜻으로 '그 적절성은 각각의 특성에 따라 결정된다.'고 말한다.

★ '직관'과 '사고'는 비언어적이며 초언어적인 앎인 데 반해 지각과 개념은 의지, 감성, 사고 중 감성의 영역에 해당하는 언어적·의식적 앎이다. 넓은 의미에서 '의지'는 카르마로 형성된 직관의 원천이지만 의식된 의지는 감성에 포착된 의지로서 감각-(표상)-지각 과정임을 설명하고 있다.

◆ 개인이 타고난 존재적 조건, 카르마와 유전 요인을 포함한 본성을 개인의 선천적 능력이자 의지라 보고, 그에 의해 결정된 감각이 지각으로 연결되고 다시 개념으로 연결되는 과정을 사고가 수행함을 말한다.

■ '이 행위'는 지각을 말한다. 이 문단 전체의 요지는 의지는 지각되지만 실제로 지각에 의해 만들어진 것이 아니라 지각 이전에 존재하는 직관을 소재로 사고가 지각, 개념들로 연결해내고 있다는 것이다.

각한 대상에서 찾을 수 없고 순전히 관념적인 내 개념 체계 속에 있는 것들 간의 상호 의존성에서만 찾을 수 있다. 다시 말해, 내 의지의 결정 요소는 지각이 아닌 개념의 세계에서만 찾을 수 있다. 내 의지는 내 관념이 결정한다.

외부 세계에 부합하는 개념 체계는 그 외부 세계에 의해 조건 지어진다. 우리는 지각 그 자체로부터 어떤 개념이 그것에 상응하는지를 결정해야 한다. 그리고 어떻게 이 개념이 나의 나머지 관념 체계와 어울릴지는 직관적 내용에 달려 있다. 따라서 지각은 자신의 개념을 직접적으로 조건 짓고 그럼으로써 내 세계의 개념 체계 안에 자기 자리를 간접적으로 조건 짓는다. 그러나 개념 체계에서 도출되고 의지 행위에 앞서 일어나는 의지 행위의 관념적 내용은 사고 체계 자체에서만 결정된다.

이 관념상의 내용으로만 정해지는 의지 행위 자체는 반드시 관념으로서, 즉 하나의 관념으로 정해진다고 이해해야 한다. 물론 모든 의지 행위가 오로지 관념으로만 결정된다는 뜻은 아니다. 인간 개인을 결정하는 모든 요소는 그의 의지에 영향을 끼친다.

우리는 특정 의지 행위의 두 가지 요소를 구분해야 한다. 바로 동기와 행위 원천(原泉)이다. 동기는 개념 요소고 행위 원천은 의지 안의 지각 요소다. 개념 요소 혹은 동기는 의지 행위의 순간적 결정 요인이고 행위 원천은 개인의 영구적 결정 요인이다. 의지 행위의 동기는 순수한 개념일 수도 있고, 또는 지각과 확실한 관련을 가진 개념, 즉 하나의 관념일 수도 있다. 보편적이며 개인적인 개념들(관념)은 인간 개인에게 영향을 끼치고 그가 특정 방향으로 행동하도록 결정지어 의지 동기가 된다. 그러나 하나이면서 동일한 개념 또는 하나이면서 동일한 관념은 여러 개인에게 다른 방식으로 영향을 준다. 다른 사람들에게 다른 행동을 하게 한다. 따라서 의지 행위는 단지 하나의 개념이나 관념뿐 아니라 인간들의 기질의 결과이기도 하다. 이 기질을 에두아르트 폰 하르트만을 따라 '기질적 성향'이라 부르자. 개념과 관념이 사람의 성격적 특성에 작용하는 방식은 그의 삶에 분명한 도덕과 윤리를 새긴다.

성격적 특성은 한 개인의 삶의 내용을 거의 영구적으로 구성한다. 즉, 습관적인 생각이나 감정을 구성한다. 지금 내 의식에 들어온 하나의 관념이 나에게 의지 행위를 불러일으키는지 아닌지는 그것이 내 다른 관념 내용과 갖는 관계 그리고 내 감정의 특정한 상태에 달려 있다. 그 결과 내 관념의 내용은 개념의 총합에 좌우되고, 이 총합은 내 개인적 삶의 과정에서 관념이 되는 지각과 연결돼 있다. 이는 다시 내 직관력의 크고 작음, 내 지각의 범위, 즉 내 경험의 주관 혹은 객관적 요소 그리고 내 마음의 구조와 환경에 따라 달라진다. 내 정감적 삶은 특히 내 성격적 특성을 결정한다. 어떤 관념이나 개념을 내 행위 동기로 삼을지는 그것이 내게 어떤 즐거움이나 고통을 주는지에 달려 있다.

이것이 우리가 의지 행위에 있어 고려해야 할 요소들이다. 동기가 되는 눈앞에 떠오른 관념이나 개념이 내 의지의 끝, 혹은 목적을 결정한다. 내 성격적 특성은 내 행위가 이 목적을 향하게 한다. 앞으로 30분 동안 산책을 한다는 관념은 내 행위의 목적을 결정한다. 그러나 이 관념은 오직 그에 걸맞은 성격적 특성을 만났을 때 동기의 수준에 이른다. 즉, 내가 만들어온 과거 삶에서 걷기의 유익함에 대한 관념과 건강의 가치, 나아가 걷는다는 관념이 즐거움의 감정을 동반할 때 그러하다.

따라서 우리는 (1) 주어진 관념과 개념을 동기로 전환할 법한 가능성이 있는 주체의 성향과 (2) 내 성격적 특성에 영향을 주어 의지 행위를 낳을 가능성이 있는 관념과 개념을 구분해야 한다. 전자는 도덕을 향한 행위 원천이고, 후자는 (도덕을 향한) 목적이다.

도덕적 삶에 있어 행위 원천은 한 개인의 삶이 구성된 요소를 분석하면 알 수 있다.

개인 삶의 첫 단계는 지각, 특히 감각-지각이다. 이는 개인의 삶이 감성이나 개념의 개입 없이 지각이 의지로 즉각 전환되는 단계다. 여기에 관련된 행위 원천은 단순히 본능이라 부를 수 있다. 우리의 저차원적이고 순수하게 동물적 욕구(배고픔, 성행위 등)는 이 단계에서 충족된다. 본능적 삶의 주요 특징은 지각이 의지 행위를 즉각 시작하게 한다는 점이다. 본래는 저차 감각의 삶에 속한 이러한 종류의 의지적 결정은 고차 감각의 지각으로 연장될 수 있다. 우리는 외부 세계에서 일어난 특정 사건을 지각할 때 어떻게 행동해야 하는지에 대한 숙고와 그 지각에 연결된 특별한 감정 없이도 반응할 수 있다. 이 같은 사례는 사람들과의 평범한 관습적 교제에서 볼 수 있다. 이런 종류의 행위 원천을 요령 혹은 좋은 도덕적 취향이라 부른다. 그러한 지각에 대한 즉각적 반응이 더 많이 일어날수록, 행위자는 순전히 요령이 유도하는 대로 행동할 수 있음을 스스로 더 많이 증명한다. 즉, 요령이 그의 성격적 특성이 된다.

인간 삶의 두 번째 단계는 감성이다. 명확한 감성은 외부 세계의 지각을 동반한다. 이 감정이 행위 원천이 될 수 있다. 배고픈 사람을 볼 때, 그에 대한 동정심이 내 행위 원천이 될 수 있다. 그런 감정들은 예컨대 겸손, 자부, 명예, 수치, 회한, 동정, 복수, 감사, 경건, 충성, 사랑, 의무감 등이다.[도덕 원리의 전체 목록은(형이상학적 실재론 관점의) 에두아르트 폰 하르트만의 『도덕 의식의 현상학』에서 찾을 수 있다.]

삶의 세 번째이자 마지막 단계는 사고와 관념을 갖는 것이다. 하나의 관념 혹은 개념은 단지 반성을 통해서만 행위의 동기가 될 수도 있다. 관념은 동기가 된다. 왜냐하면, 내 삶의 과정에서 조금씩 변형된 형태로 반복해서 일어나는 지각을 내 의지의 특정 목표와 주기적으로 연결하기 때문이다. 따라서 경험이 전무하지 않은 사람에게는 항상 특정 지각 발생이 행동에 대한 관념의 의식과 동반되는데, 그 행위는 그들 스스로 비슷한 경우에 행했거나 다른 사람들이 행하는 것을 본 것이다. 이 관념들은 뒤따르는 모든 판단들에서 작용인으로 마음속에 떠오른다. 그리고 그것은 그의 성격적 특성의 일부가 된다. 방금 서술한 행위 원천을 실천적 경험이라 이름 붙여보자. 실천적 경험은 점차 순수한 요령 행위에 합쳐진다. 그렇게 되면, 우리 마음속에서 행동의 분명한 전형적인 그림들이 삶의 어떤 상황에 대한 생각과 긴밀히 연결되어, 어떤 경우든, 우리는 경험에 근거한 모든 심의를 생략하고 지각에서 행동으로 즉시 넘어가게 된다.

개인 삶의 가장 높은 차원은 어떤 정해진 지각 내용도 참조하지 않는 개념적 사고의 삶이다. 우리는 한 개념의 내용을 관념 체계에 근거한 순수한 직관으로 결정한다. 그러한 개념은 처음에는 어떠한 정해진 지각과도 관련이 없다. 지각과 관련된 개념의 영향 아래 의지 행위가 일어날 때는, 예를 들어 한 관념의 영향 아래 있으면, 개념을 통해 우리 행위를 간접적으로 결정하는 것은 지각이다. 그러나 우리가 순수한 직관의 영향으로 행동할 때의 행위 원천은 순수한 사고다. 철학에서 순수한 사고를 '이성'이라 부르는 것이 관습인바, 이 차원의 삶의 특징인 행위 원천에 실천이성이라고 이름 붙이는 것이 당연할지 모른다. 이 행위 원천의 가장 명확한 설명은 크레옌블(Kreyenbuhl, 『월간 철학』 Vol. xviii, No. 3)이 제공했다. 내 생각에 그의 글은 이 주제와 관련, 특히 현대 윤리학에 있어 가장 중요한 기여 중 하나를 한 것이다. 크레옌블은 우리가 다루는 행위 원천을 '실천적 선험'이라 불렀다. 예컨대 행위 원천은 내 직관에서 즉각 발생한다.

엄밀히 보면 그러한 행위 원천은 더 이상 성격적 특성에 속한다고 할 수 없음이 분명하다. 왜냐하면, 내 안에 실질적인 행위 원천은 더는 순수하게 개인적이지 않으며 관념적이고 보편적인 내 직관의 내용이기 때문이다. 그 내용을 행위의 유효한 근거와 출발점으로 잡는 순간, 나는 개념이 이전부터 내 의식에 있었는지 혹은 행위 직전에 생겨났는지에 상관없이, 즉 그것이 내 성향의 한 형태로 존재했는지와는 상관없이 의지 단계로 넘어간다.●

● 슈타이너는 '사고의 영향에 의해 만들어지는 것'과 '사고 자체'를 구별한다. 세계를 통합 이해하는 영적 정신으로서 사고는 이미 모든 '사회적' 차원의 의미를 넘어선 '고차 세계'의 능력이다. 그러나 이 자각에 이르기 전에도 관념과 개념을 지각에 연결하는 일은 얼마든지 가능한데, 이 역시 '사고의 영향' 아래 행해진다고 본다. 여기까지가 의지, 감성, 사고 중 특히 감성의 영역에서 다루어지는 도덕, 인지학적 발달 단계에서는 의식혼의 영역이라 일컬어지는 곳에서 생기는 도덕의 동기다. '삶의 세 번째이자 마지막 단계는 사고와 관념'이라고 한 내용이 이것이다.

실제 의지 행위는 개념 혹은 관념의 형태인 현재의 행위 충동이 성격적 특성에 영향을 미칠 때만 나타난다. 그러한 충동은 그 결과 의지의 동기가 된다.

도덕 행위의 동기는 관념과 개념이다. 감성 안에서도 도덕의 동기를 보는 도덕주의자들도 있다. 예를 들어 그들은 도덕 행위의 목적을 행위자에게 가능한 최대 쾌락을 보장하는 것이라 주장한다. 그러나 쾌락 자체는 결코 동기가 될 수 없고 기껏해야 쾌락의 관념 정도가 동기로 작용할 수 있다. 다가올 쾌락에 대한 관념은 나의 성격적 특성에 영향을 미칠 수 있지만, 감정 그 자체는 그럴 수 없다. 왜냐하면, 감정은 행위의 순간에는 아직 존재하지 않고, 반대로 우선 행위를 통해 만들어져야 하기 때문이다.

그러나 자기 혹은 다른 이의 행복에 대한 관념은 당연한 의지의 동

그런데 이어서 나오는 '개인 삶의 가장 높은 차원은 어떤 정해진 지각 내용도 참조하지 않는 개념적 사고의 삶'이라고 하며, 이 사고는 실질적으로 '그러한 행위 원천은 더 이상 성격적 특성에 속한다고 할 수 없음이 분명하.'고 말한다. 즉, 도덕적 동기를 초월한다는 것이다.

니체가 『도덕의 계보』나 『선악을 넘어』에서 제시한 '초인'의 상이 나타나는 대목이다. 사고의 힘으로 지각을 개념과 연결함으로써 비로소 보편가치로서 도덕에 눈을 뜨는 것이 의식 발달이지만, 그 너머에는 '양심'의 형태로 남아 있는 사회적 관성으로서 도덕조차 넘어선 주체적 창조 의식 영역이 있다고 보고 여기에 이르러서야 인간은 '나와 세계의 분리'를 극복하는 '보편적 개별자'가 된다는 것이 슈타이너의 주장이다.

그러므로 '윤리적 개인주의'라는 그의 개념은 '윤리'를 확보하고 다시 그 어떤 집단성에서도 자유로운 주체적 '개인'을 정립하는 데서 그치지 않고 '사랑'을 새로운 행위 동기로 삼아(더 이상 도덕 동기가 아니다!) 행위 창조 주체로 거듭나는 데까지를 '자유로운 개인'의 상(象)으로 삼고 있다.

자유의 철학
The Philosophy of Freedom

기로 간주된다. 자신의 행위를 통해 스스로 최대의 쾌락을 만들어내는 원리, 즉 개인의 행복을 얻기 위한 원리를 이기주의라고 한다. 이렇게 개인적 행복을 얻는 것은, 냉혹하게 오직 자기에게 좋은 것만 생각하고 다른 이가 피해를 봄에도 불구하고 그것을 추구하는 것(순수 이기주의) 혹은 내 행복에 좋은 영향이 생길 것을 기대하거나 아니면 다른 이를 해치는 것이 내 이익을 위태롭게 할 것을 두려워해서 다른 이의 행복을 도모하는 방식(이해타산적 도덕)으로 이뤄진다. 이기주의적 도덕 원리의 특수한 내용은 자기와 타인에게 좋은 것이라 여기는 것을 만들어내는 관념에 따라 달라진다. 인간은 삶에 있어 좋은 것(사치, 행복의 희망, 여러 해악으로부터 구제 등)이라 여기는 것에 따라 자신의 이기적 노력의 내용을 결정한다.

나아가 행위의 순수한 개념적 내용은 또 다른 종류의 동기로 간주되어야 한다. 이 내용은 개인의 쾌락에 대한 관념처럼 특정 행위뿐 아니라 도덕 원리 체계에서 끌어낸 행위 유추와도 관계가 없다. 추상 개념 형태의 이 도덕 원리는 자기 개념의 기원이 어딘가 하는 고민은 없이 개인의 도덕적 삶을 이끌 수 있다. 이 경우 우리는 그저 도덕 개념을 따르는 도덕적 강제가 법칙의 형태로 우리 행위를 통제한다고 느낀다. 이 강제에 대한 정당화는 우리에게 도덕적 복종을 요구하는 이들, 말하자면 도덕적 권위[가장(家長), 국가, 사회 관습, 교회의 권위, 신의 계시]가 있다고 믿는 이들의 몫으로 남겨두자. 우리는 외적 권위가 선언한 것이 아닌 우리 자신에서(도덕적 자율) 나올 때, 이런 종류의 도덕 원리 중 특별한 것을 만나게 된다. 이 경우 우리는 스스로 따를 수밖에 없는 내 혼 안의 목소리를 듣는다. 그 목소리의 이름은 양심이다.

인간이 자기 행위의 동기를 외적 혹은 내적 권위의 명령에서 찾지 않고, 주어진 행동의 준칙이 왜 그 안의 동기로서 발휘되어야 하는지 이해하려는 시도는 엄청난 도덕적 진화다. 이는 권위에 기초한 도덕에서 도덕적 통찰로의 진화다. 이 단계의 도덕에 이르면 인간은 도덕적 삶의 요구를 발견하려 시도하고 그에 대한 앎이 그의 행위를 결정하게 된다. 그러한 요구는 (1) 전체로서 인류 자체를 위한 최대 행복 (2) 문명의 발달 혹은 더 완전에 가까운 인류의 도덕 계발 (3) 순수 직관 행위를 통해 파악한 개인의 도덕 목적의 실현이다.•

전체로서 인류 자체를 위한 최대 행복은 자연히 파악하는 사람에 따라 달라질 것이다. 위에 언급한 준칙은 어떤 특정한 행복에 대한 관념을 말하는 것이 아니라 이 원칙을 인정하는 모든 이가 각자 의견에

---

1 통념적 '최대 행복'은 에고이즘에 불과하고 그 연장은 특정 집단의 이기적 만족에 불과하며 '도덕적 통찰'을 얻은 이들만이 집단혼에 매이지 않는 보편적 인류애를 추구한다는 말이다.

2 이 행복은 어떤 외부 힘이 되어서는 안 되고 사고에 의한 나와 세계의 유기적 통합 자체이므로 '완전에 가까운 인류의 도덕 계발'이라고 표현했다. (1)이 집단혼적 범위를 벗어남을 강조한 것이라면 (2)는 그 내용이 사고 성숙이라는 의미의 도덕임을 강조하고 있다.

3 순수 직관 행위는 자유롭고 영적인 수준에서 파악한 것을 말하며 이런 개인의 도덕 목적은 곧 세계의 목적이기도 하므로 그 실현을 최고 단계로 파악한다.

자유의 철학
The Philosophy of Freedom

따라 인류 전체에 최선을 도모하려 애쓴다는 것이다.

문명의 진보는 어쨌든 문명이 생산하는 상품들로부터 즐거움을 얻는 이들에게는 조금 전 언급한 도덕 법칙을 특수하게 적용한 것으로 보일 것이다. 그러나 그들은 인류의 행복에 이바지하는 많은 것을 파괴하고 소멸시키는 진보의 대가를 치러야 한다. 한편, 문명의 진보를 그것이 가져오는 즐거움의 감정이 아닌, 하나의 도덕적 필요로 보는 것도 가능하다. 그렇다면 문명의 진보는 그들에게 이전의 것과는 다른, 새로운 하나의 도덕 원리가 될 수 있다.

공익과 문명 진보의 원리는 모두 특정 경험(지각한 것)에 우리의 도덕 관념을 어떻게 적용하는가에 달려 있다. 그러나 우리가 생각할 수 있는 가장 높은 수준의 도덕 원리는 처음에는 특정 경험과 연관 없이, 순수한 직관의 원천에서 샘솟는 것이고, 지각들과 연관성은 나중에 가서 찾게 되는 것이다. 여기서 무엇을 의지해야 하는지에 관한 결정은 앞선 두 원리들과는 아주 다른 관점을 지닌다. 공익적 관점을 수용하는 이는 누구든 그의 모든 행위에 대해 그의 이상이 어떻게 이 공익에 이바지할지를 먼저 물을 것이다. 도덕 법칙으로서 문명의 진보를 옹호하는 이 역시 비슷하게 행동할 것이다. 그러나 주어진 경우, 제한된 도덕적 이상에서 시작하지 않고 모든 도덕적 원칙에서 일정한 가치를 보는, 특정 경우에 이것이나 그것이 더 중요한지 항상 묻는, 여전히 더 높은 행동 양식이 있다. 한 사람이 어떤 상황에서는 공익의 도모를, 다른 상황에서는 문명의 진보를 그리고 또 다른 상황에서는 그 자신의 사익의 추구를 옳은 일로 간주하고 행위의 동기로 삼을 수 있다. 그러나 다른 모든 결정의 근거가 그리 중요치 않을 때 우리는 더 중요한 것, 자기 안의 개념적 직관 자체에 의존한다. 다른 모든 동기는 시야에서 사라지며 오직 행위의 이상적 내용만이 동기가 된다.

우리는 성격적 특성의 단계 중 가장 높은 것으로서 스스로 모습을 드러내는 순수 사고 혹은 실천이성을 뽑아보았다. 방금 우리는 동기들 중 개념적 직관을 가장 높은 것으로 꼽았다. 더 깊이 생각해보면, 우리는 이 단계의 도덕에서 행위 원천과 동기가 일치한다는 것을 알수 있다. 즉, 미리 결정된 성격적 특성이나 권위에 의해 인정된 외부의 도덕 법칙은 모두 우리 행위에 영향을 미치지 못한다. 그러므로 그행위는 그저 도덕률을 따르는 한 사람의 고정관념도 아니고 외부 자극에 따른 자동화된 반응도 아니다. 그것은 오히려 그것의 관념적 내용에 따라서만 결정된다.

그러한 행위가 가능하려면 우리는 먼저 도덕적 직관의 능력을 갖춰야 한다. 각각의 특정 상황마다 적용할 자신의 도덕 원리를 사고해낼 능력이 없는 사람은 결코 진정한 개인적 의지 단계에 이를 수 없다.

자유의 철학
The Philosophy of Freedom

"네 행위의 준칙이 언제나 동시에 보편적 법칙 수립의 원리가 되도록 행위하라."라는 칸트의 도덕 원리는 우리의 것과는 정반대다. 그의 원리는 모든 개인적 행위의 죽음을 뜻할 수 있다. 나의 규범은 결코 모든 이의 규범일 수 없고, 각각의 특정한 경우에 나에게 옳은 것이다.

피상적 비판은 이 주장에 다음과 같이 반대할 수 있다. 어떻게 하나의 행위가 개별적으로 특정한 사례와 상황에 적합하면서도, 그와 동시에 순수 직관에 의해 관념적으로 결정된 것일 수 있는가? 이 반박은 행위의 지각 내용과 도덕적 동기를 혼동한 데서 온다. 행위의 지각 내용은 물론 동기일 수 있고 우리가 문화의 진보나 순수 이기주의 등에서 행위할 때는 실제로 동기다. 그러나 도덕적 직관에 기반한 행위에서는 그것(행위의 지각 내용)은 결코 동기일 수 없다. 물론 내 자아가 이 지각의 내용을 인지하지만 그것이 자신을 결정하게 두지 않는다. 그 내용은 오직 이론적 개념을 정립하기 위해 쓰일 뿐, 그에 부합하는 도덕 개념은 대상에서 가져오지 않는다. 직면한 주어진 상황의 이론적 개념은 오직 내가 특정 도덕 원리의 입장을 택할 때만 또한 도덕 개념이다. 만약 내 행위를 오로지 문명 진보의 원리에 근거한다면 내 삶의 방식은 정해진 경로에 매인다. 내 관심과 흥미를 유발하는 모든 사건은 도덕 의무를 발생시키고, 다시 말해 나는 문명 진보에 이바지하기 위해 나의 작은 역할을 해야 하는 것이다. 자연법칙에 따라 대상 혹은 사건과의 연관성을 밝혀주는 개념에는, 이에 더하여 도덕적 행위자로서의 내가 스스로 어떻게 행위해야 하는지에 관한 윤리적 방향을 제시하는 도덕적 꼬리표가 있다. 높은 차원에서 이 꼬리표는 사라지고 각각 특정한 경우마다 내 행위는 내 관념으로 결정된다. 특히 이 관념은 구체적 상황에 따라 나에게 제시된다.

직관력의 수준은 사람마다 다양하다. 어떤 이에게는 생각이 샘처럼 솟아나지만, 다른 이들은 노력해야 얻어진다. 사람이 처한 상황 그리고 그들 행위의 현장은 그다지 크게 다르지 않다. 그러므로 인간 행위는 주어진 상황에 그의 직관력이 반응하는 방식에 달려 있다. 직관의 구체적 내용이자 우리 안에 유효한 관념의 총합이 그 관념의 보편적 성질에도 불구하고 우리 각자 안에 개인적인 것을 구성한다. 이 직관의 내용이 행위와 연관되어 있는 한, 그것은 개인의 도덕적 본질을 구성한다. 이 본질이 그의 삶에 스스로 나타나게 하는 것은 다른 모든 도덕 원리를 부차적으로 만드는 그의 도덕 원리다. 이 관점을 윤리적 개인주의라 부를 수 있다.

어떠한 구체적 상황의 행위 결정 요소는 그에 부합하는 순수한 개인적 직관의 발견이다. 이 수준의 도덕성에는 어떠한 일반적 도덕 개념(규범, 법)에 대한 질문이 있을 수 없다. 일반 규범은 언제나 그 규범을 끌어낼 구체적 사실을 상정한다. 그러나 사실들은 먼저 인간 행위로 만들어져야만 한다.

우리를 규제하는 법칙(개인, 집단, 시대의 행동을 인도하는 개념적 법칙)을 찾을 때 우리는 도덕 규범의 과학이 아닌, 자연적 사실로서 도덕의 과학인 윤리 체계를 얻게 된다. 자연법칙이 특정 현상에 연결된 것처럼, 이런 방식으로 얻어진 법들이 인간 행위에 연결된다. 그러나 이 법칙은 우리 행위 바탕인 원리와 매우 다르다. 나 혹은 다른 이가 연속적으로 내 행위를 검토할 때 우리는 그 안에 어떤 도덕 원리들이 작용했는지 발견할 수 있을 것이다. 행위를 하는 동안 나는 이 도덕 법칙이 아닌 내 행위로 실현하고자 하는 그 대상에 대한 사랑으로 행위를 한다. 이 행위를 할지 말지 누구에게도 어떤 도덕률에도 묻지 않는다. 오히려 반대로 나는 그에 관한 관념을 갖는 순간 행위를 한다. 오직 이것만이 내 행위를 만들어낸다. 어떤 사람이 어떤 도덕적 규범을 수용하기 때문에 행동한다면, 그의 행동은 그의 도덕률을 구성하는 원리의 결과물이다. 그는 단지 명령을 수행할 뿐이다. 그 사람은 고도로 복잡한 종류의 기계다. 그의 의식에 행위의 자극이 입력되면, 그의 도덕 원리라는 시계태엽은 즉각 작동하고, 문화의 진보를 도모하기 위해 기독교적 혹은 인도적 혹은 이타적 혹은 계산된 행위를 실천하도록 지정된 과정만을 따라간다. 내가 오직 그 대상에 대한 사랑을 쫓을 때 나 자신이 행위하는 것이다. 이 도덕의 수준에서 나는, 내 위의 주님도, 외부의 권위도, 이른바 내 양심의 목소리도 인정하지 않는다. 나는 자신 안에서 행위의 근거, 즉 행위에 대한 사랑을 찾았기에 행위를 위한 외부 법칙을 인정하지 않는다. 나는 내 행위가 좋은지 나쁜지 묻지 않고 행한다. 왜냐하면, 나는 그 행위와 사랑에 빠졌기 때문이다. 또한, 다른 사람이 내 입장이라면 어떻게 행동했을지에 대해서도 자문하지 않는다. 반대로 나는 나로서, 이 고유한 개인성으로서 행위하기 위해 의지(意志)한다. 어떠한 일반적 용법도, 흔한 관습도, 현재 인류의 일반 준칙도, 나를 이끄는 도덕 규범도 아닌 행위에 대한 내 사랑만이 나를 인도한다. 나는 그 어떠한 내 본능을 지배하는 자연의 강요도, 도덕적 명령의 강요도 느끼지 않는다. 내 의지는 그야말로 내 안에 놓여 있는 것을 실현한다.

이 주장에 대해 일반 도덕 규범을 중시하는 이는 만약 모두가 믿는 대로 살고 자신의 즐거움을 위해 살 권리가 있다면, 좋고 나쁜 행위의 구분은 없고 모든 부정한 충동은 공익을 위한 의도와 같게 여겨져 행위할 권리를 가진다고 대답할 것이다. 단순히 행위를 위한 관념이 생긴다고 내가 도덕적 행위자가 되는 것은 아니다. 그것이 좋은지 나쁜지에 대한 검토를 해야 한다. 그것이 좋을 때만 나는 행위를 한다.

나는 동물적 혹은 사회적 본능을 따르는 어린이나 사람들을 말하는 것이 아니라고 답하겠다. 나는 세계의 이상적 내용 수준으로 오를 수 있는 능력이 있는 사람들을 말한다. 범죄자의 행위를 개인성을 실행하는 것으로서 순수한 직관 행위의 체현과 같은 맥락으로 설명하는 것은 미숙한 인류가 눈먼 본능을 한 인간의 개인성으로 여기는 시대에나 가능하다.

사람을 범죄 행위로 몰고 가는 동물적 본능은 그 안에 있는 개인에 속하지 않고, 오히려 그 안에서 가장 일반적인 것에 속하며, 모든 개인에 동등하게 존재하는 것에 속한다. 내 안에 개인적 요소는 본능과 감정의 유기체가 아닌, 내 유기체를 통해 자신을 드러내는 통합된 관념의 세계다. 내 본능, 갈망, 열정은 내가 인간 종(種)에 속한다는 것 이상의 주장을 정당화하지 못한다. 이상적인 어떤 것이 이러한 본능, 열정, 감정을 통해 그 자신만의 독특한 방법으로 자신을 표현한다는 사실이 나의 개인성을 구성한다. 내 본능과 갈망은 나를 흔하디 흔한 종류의 사람으로 만든다. 나 자신을 그 무리 중에 '나'로 구분해주는 이상의 고유한 특성은 나를 하나의 개인으로 만든다. 오직 내가 아닌 존재만이 내 동물적 본성의 차이로 나를 타인으로부터 구분할 수 있다. 사고함으로써, 즉 내 유기체를 통해 작용하는 이상적인 요소의 적극적인 파악에 의해, 나는 다른 사람과 구별된다. 그렇기에 범죄 행위가 범죄자의 이상에서 발현된 것이라 말할 수 없다. 실은 범죄 행위의 특성은 정확하게 사람의 비이상적 요소에서 발생한다.

내 개인적 본성의 이상적 부분에 근거하는 행위는 자유롭다. 그 외 다른 행위는 자연적 충동에 의해서건 도덕 규범의 의무에서건 자유롭지 않다.

삶의 모든 순간에 오직 자신에게만 복종하는 자만이 자유롭다. 이 의미에서 자유롭다 할 수 있는 도덕적 행위만이 비로소 나의 행위다.

자유에 근거한 행위는 도덕 법칙을 배제하지 않고 포함한다. 단지, 그것은 이 법칙의 명령에 따른 행위보다 높은 차원에 있음을 보여준다. 순수한 사랑으로 한 나의 행위가 어떻게 공익을 위한 의무에서 한 행위보다 못하겠는가? 의무 개념은 개인성을 인정하지 않고 일반 규범에 종속되길 요구하기 때문에 자유를 배제한다. 행위의 자유는 오직 윤리적 개인주의의 입장에서만 가능하다.

그러나 만약 모든 이가 각자의 개인성만 주장한다면 인간의 사회적 삶이 가능하겠는가? 이 질문은 도덕주의의 측면에서 또 다른 반대를 나타낸다. 도덕주의자는 모든 인간이 공통 도덕 질서를 가질 때 사회적 공동체가 가능하다고 믿는다. 이는 도덕주의자가 이상 세계의 공동체를 이해하지 못함을 보여준다. 그는 나에게 영감을 주는 이상의 세계가 내 동포에게도 영감을 주는 것을 깨닫지 못한다. 내가 내 이웃과 다른 이유는 그와 내가 완전히 다른 두 세계에 살기 때문이 아니라, 우리가 공통된 이상의 세계로부터 다른 직관을 수신하기 때문이다. 그는 자기의 직관대로 살기 원하며 나는 내 직관대로 살기 원한다. 우리 둘 다 정말로 직관을 이상의 세계에서 가져온다면, 그저 외부적 충동(육체 혹은 도덕적)에 복종하는 것이 아니라면, 우리는 같은 의도에서 같은 목적을 이루기 위한 분투 과정에 서로를 만날 수밖에 없다. 자유로운 사람들 간에 도덕적 오해, 목적의 충돌은 있을 수 없다. 오직 자연적 본능 혹은 의무의 명령을 맹목적으로 따르는 부자유한 이들만이 그들의 이웃이 같은 본능 그리고 같은 법칙에 따르지 않는 경우 이웃에게 등을 돌린다. 살아가고 또 살아가도록 하는 것이 자유로운 사람의 근본 원리다. 그런 이는 "해야 한다."를 모른다. 주어진 상황에 어떤 의지를 낼 것인가는 오직 그의 관념의 능력에 따라 정해진다.

만일 사회성이라는 것이 인간 본성에 깊이 뿌리 박히지 않았다면 그 어떤 외부 법칙도 사회성을 우리에게 이식하지 못했을 것이다. 인간 개인은 영(靈)적 동질성이 있기 때문에 나란히 살아갈 수 있는 것이다. 자유로운 이는 다른 자유로운 이도 자신과 같은 하나의 영적 세계에 속해 있고 그들의 의도와 나의 의도가 일치함을 알기에 가득 찬 자신감으로 그의 삶을 살아간다. 자유로운 이는 동료의 동의가 필요치 않지만 그렇더라도 그것이 인간 본성에 내재해 있다고 믿기에 그것을 기대한다.

많은 이들이 여기서 내가 전개한 자유로운 인간의 개념이 실제로는 도저히 찾을 수 없는 불가능한 생각이라 말할 것이다. 자신의 도덕적 과제를 의무로 생각하고 자신 안의 뜻이나 사랑은 그냥 외면하는 이들, 도덕률 같은 것에 복종하는 도덕성을 가진 실제 인간에 대해 다뤄야 한다고 말할 것이다. 나는 이를 부정하지 않는다. 오직 눈먼 사람만이 이를 부정할 수 있다. 하지만 그렇다면, 이 모든 도덕적 위선이 없어지길! 인간 본성은 자유롭지 않은 한 반드시 강요에 따를 수밖에 없다고 치자. 사람의 부자유한 본성의 강요가 신체적 힘에 의해서든 도덕률에 의해서든 영향을 받거나 혹은 인간이 자기의 헤아릴 수 없는 성욕에 빠져 있어서든, 아니면 관습적 도덕성에 강하게 매여 있어서든 그것은 전혀 중요치 않다. 오로지 외부 힘에 의해서만 행위를 하도록 몰리는 그를 보며 그러한 이가 자신의 행위는 마땅히 자기의 것이라고 말할 수 있다고 주장하지만 말자. 그러나 이 엄청난 양의 관습, 법칙, 종교 의례 등 모든 충동의 망 한가운데에서 자신에게 진실할 수 있는 법을 배운 자유로운 영이 솟아오른다. 그들은 자신에게만 복종할 때 자유롭고 통제받기 시작하면 자유롭지 못하다. 우리 중 누가 자신의 모든 행위가 자유롭다고 할 수 있는가? 그렇지만 우리 모두의 안에는 자유로운 인간이 발현되는 심오한 어떤 것이 깃들어 있다.

우리의 삶은 자유롭고 또 자유롭지 못한 행위로 만들어진다. 그렇지만 우리는 가장 순수하게 표현된 자유로운 영을 만나지 못하면 최종적이고 적절한 인간 본성 개념을 만들 수 없다. 결국, 우리는 자유로울 때만 참된 의미의 인간이라 할 수 있다.

말할 것도 없이, 많은 이들이 이것은 하나의 이상일 뿐이라고 한다. 그러나 그 이상은 우리 본성의 표면 위로 떠오르는 실재적 요소다. 그 이상은 그저 상상이나 꿈에서 태어나는 것이 아니며 가장 개발되지 못한 형태로 존재할 때조차 그 자체를 선언하는 살아 있는 것이다. 만약 인간이 그저 자연물에 불과했다면 이상의 추구, 즉 우리가 아직 실재가 아닌 것이 실재로 실현되기를 바라는 것은 불가능할 것이다. 외부 대상을 다룰 때 그 생각은 지각에 의해 결정된다. 우리는 생각과 지각의 연관성을 인식했을 때 우리의 몫을 다했다. 그러나 인간에 있어서는 경우가 다르다. 인간 존재의 내용은 그가 없이 정해지지 않는다. 그의 개념(자유로운 영)은 "사람"이란 지각 내용과 객관적으로 통합된 선험적인 것이 아니기에, 앎이 그 사실을 나중에 나타내주어야 한다. 사람은 반드시 자신의 행위로 그가 가진 개념과 "사람"이란 지각을 통합해야 한다. 이때 개념과 지각은 서로 일치하며 오직 그 개인이 스스로 일치를 만들어낼 때만 그러하다. 그는 오직 자유로운 영의 개념, 즉 자기 자아의 개념을 찾아야만 이것을 해낼 수 있다. 객관적 세계의 경계선은 우리의 유기체를 통해 지각과 개념 사이에 그어진다. 앎은 그 경계를 무너뜨린다. 우리 주체의 본성 안에 이 경계는 분명히 존재한다. 개인은 성장함에 따라 자신의 개념을 외적 존재 안에 담아냄으로써 이것을 극복한다. 따라서 인간의 이원적 본성과 같이, 그의 도덕적 삶과 지적 삶은 그를 지각(즉각적 경험)과 사고로 이끈다. 지적 삶은 앎이라는 도구로 그의 이원적 본성을 극복하고; 도덕적 삶은 자유로운 영의 실천을 통해 이를 이어간다. 모든 존재는 타고난 개념(그것의 존재와 행위의 법칙)을 가지지만 이는 외부 대상에 있어 지각과 뗄 수 없이 묶여 나타나고 오직 인간 의식 구조에서만 분리되어 있다. 지각과 개념은 처음에는 인간에게 정말로 분리되어 있지만 결국 다시 통합된다. 어떤 이는 한 사람의 지각에, 그의 삶의 모든 순간 외부 대상이 그러한 것처럼, 분명한 개념이 부합하고 있다는 것에 반대할지 모른다. 나는 평균적 인간에 대한 개념을 하나 짓고 그 양식에 맞는 지각을 하나 부여할 수도 있다. 그리고 이것에 자유로운 영의 개념을 하나 더한다면 나는 같은 대상에 두 개의 개념을 갖게 된다.

그러한 반대는 일면만 본 것이다. 지각의 대상으로서 나는 지각 변화의 주체다. 내가 어린이로서 하나였다면, 청소년으로서는 다른 하나, 어른으로서는 또 다른 하나다. 또한, 모든 순간 나는 다르다. 지각 대상으로서 나는 이전 순간의 나와는 다르다. 이 변화는 늘 평균적으로 같은 사람의 모습이거나 아니면 자유로운 영의 표현을 재현하는 둘 중 하나로 일어난다. 이러한 변화가 지각 대상으로서 나의 행동이 겪는 변화다. 씨앗에 완전히 성장한 식물로 자랄 가능성이 있듯, 지각 대상인 "사람"에게도 탈바꿈의 가능성이 있다. 식물은 내재한 객관적 자연법칙에 의해 스스로 성장한다. 그러나 인간은 탈바꿈을 위한 우리 안의 재료와 기운을 스스로 계발하지 않으면 미숙한 상태에 머무른다. 자연은 인간을 그저 자연적 존재로 만든다. 사회는 인간을 법칙에 복종하는 존재로 만든다. 오직 인간 자신만이 스스로 자유로운 인간을 만들 수 있다. 특정 시점에 자연은 인간을 자연의 족쇄에서 해방한다. 사회는 한 단계 더 발전시키며 인간은 홀로 자신을 마지막으로 다듬는 과정을 한다.

그리고 자유 도덕(free morality)론은 자유로운 영만이 인간이 존재할 수 있는 유일한 형태라고 주장하지 않는다. 영적 자유는 인간 진화의 마지막 단계일 뿐이다. 그리고 규범에의 복종이 계발단계의 한 과정임을 부정하지 않는다. 다만 중요한 점은 도덕성에 있어 규범이 절대적 기준이라 인정할 수 없다는 것이다. 자유로운 영은 그가 규범적 명령에 무감각한 것처럼 그것을 초월하지만, 자신의 행위를 본능적(직관)으로 조정한다.

칸트가 "의무! 숭고하고 위대한 이름이여! 너는 사람이 좋아할 만한 아무것도 가지지 않으면서 너에게 복종하기를 요구한다." 너는 "하나의 법칙을 제시한다 … 모든 애착이 비록 남몰래 그 법칙에 반항하면서도 결국은 침묵하고 만다."[*Kant's Theory of Ethics*, 180쪽, Abbott 번역; 『순수 실천이성 비판』, 3장]라며 의무를 강조할 때, 자유로운 영은 답한다. "자유! 다정하고 인간적인 이름이여! 너는 도덕적으로 가장 매혹적인 것을 다 지니며 교묘히 나의 인간성 안에 너를 품게 한다. 그리하여 나는 누구의 종도 아니며 어떤 법칙도 따르지 않고, 강요된 모든 법칙에는 저항하며 내 마음이 기우는 곳이 곧 법이라 선포한다."

이것이 법칙을 따르는 도덕과 자유에 의한 도덕의 차이다.

국가를 도덕의 체화로 보는 속물들은 분명 자유로운 영을 국가의 위험 요소로 간주한다. 그러나 그것은 그의 좁은 시야가 한정된 기간에 집중하고 있기 때문이다. 그 너머를 볼 수 있다면 자유로운 영이 국가의 법을 넘어서는 경우는 드물며 둘이 서로 대립하는 것도 결코 없다는 것을 알게 될 것이다. 모든 국가의 법칙은 다른 모든 도덕의 객관적 법칙처럼 하나도 빠짐없이 자유로운 영의 직관에서 기원한다. 가문의 권위에서 강요된 전통 법칙 중 어떤 것도 옛 조상들이 직관으로 품어 물려주지 않은 것이 없다. 마찬가지로 전통적 도덕 법칙은 처음에는 특정 사람에 의해 세워지고 국가의 법칙은 정치인의 머리에서 생겨난다. 그 자유로운 영이 나머지 인류를 위해 법칙을 만들었다. 그 기원을 잊은 채 법칙을 신성한 명령 혹은 객관적 도덕 의무 또는 자기 양심의 권위적 목소리로 치부하는 이들만이 부자유하다.

한편 그 법칙의 기원이 사람임을 잊지 않은 이는 그것을 자신의 도덕적 직관의 원천인 관념 세계에 속한 것과 똑같이 존중할 것이다. 만약 그의 직관이 존재하는 법칙보다 우월하다고 여긴다면, 그는 자기의 직관을 법칙의 자리에 두려 할 것이다. 만약 법칙이 정당하다 여긴 다면, 그는 마치 그것이 자신의 직관인 양 그에 따라 행위할 것이다.

인간이 세계의 도덕 질서를 세우기 위해 존재하는 것은 아니다. 그렇다고 생각하는 이는 자연과학에서 황소가 들이받기 위해 뿔을 가진다고 생각하는 것과 같다. 과학자들은 기꺼이 "자연의 객관적 목적"이란 개념을 죽은 이론들 변방으로 내던져 버린다. 윤리학자들이 그로부터 해방되기란 좀 더 어렵다. 그러나 뿔이 있기에 들이받을 수 있지만 뿔이 들이받기 위해 존재하는 것이 아닌 것처럼, 인간이 도덕을 위해 존재하는 것이 아니라 도덕이 인간을 통해 존재하는 것이다. 자유로운 인간은 도덕관념이 있기에 행위하는 것이지 도덕적이 되기 위해 행위하지 않는다. 인간 개인이 도덕적 세계 질서에 우선한다.

인간 개인은 모든 도덕의 원천이며 모든 삶의 중심이다. 국가와 사회는 그저 개인의 삶에서 필요하기에 생겨나 존재한다. 그 결과로 국가와 사회는 개인의 삶에 작용해야 하며, 이는 뿔이 있음으로써 생긴 들이받는 행위가 뿔의 추가적 발달에 따라 달리 작용하며, 계속 사용하지 않으면 위축되어버린다는 것보다 이해하기 어려운 것이 아니다. 마찬가지로 개인은 인간 사회의 울타리를 넘어 고립된 존재로 살아간다면 퇴화되고 만다. 바로 이 때문에 사회 질서가 생겨난다. 즉, 개인에게 유리한 쪽으로 반응하는 것이다.

11

일원론과 자유의 철학

눈으로 보고 손으로 쥐는 것 외에는 실재가 아니라고 믿는 순진한 이는 자신의 도덕적 삶에서도 감각 지각할 수 있는 행위 근거를 요구한다. 그는 자기 감각이 이해할 수 있는 방식으로 누군가 자기에게 행위의 근거를 알려주길 바란다. 그는 자기보다 더 힘 있거나 지혜로운 혹은 어떤 이유에서든 자기보다 우월하다고 생각되는 사람이 내 행위의 근거를 명령하도록 허락할 준비가 되어 있다. 이것은 앞 장에 열거한 도덕 법칙을 설명한다. 즉, 가문, 국가, 사회, 교회 그리고 신의 권위에 의존하는 법칙 말이다. 극히 좁은 시야를 가진 이는 여전히 한 특정 개인의 권위에 복종한다. 조금 더 진보한 이는 다수(국가, 사회)가 자기의 도덕적 행위를 명령하도록 허락한다. 모든 경우 그는 자기 감각 앞에 나타나는 어떤 힘에 의지하는 것이다. 마침내, 그 힘의 권위가 실제로는 자신만큼 약한 인간이라는 확신이 어떤 사람에게 떠오르게 되면, 그는 더 높은 힘을 지닌 피난처, 결국 그가 감각에 지각할 수 있는 자질을 부여한 신적인 존재를 찾게 된다. 그는 이 존재가 인간의 감각을 통해 도덕적 삶의 이상적 내용을 자신과 소통한다고 생각한다. 예를 들어, 신이 불타는 덤불에서 나타나거나, 인간의 모습으로 인간들 사이를 오가거나, 어떻게 행동할지를 말해주는 신의 목소리가 자기의 귀에 들린다고 믿는다.

도덕의 영역에서 소박실재론이 도달할 수 있는 최고의 발달 단계는 도덕 법칙(도덕관념)이 외부 존재와 아무런 관련이 없고, 오히려 가설에 근거하여, 한 사람의 의식 안에 절대적 힘을 갖게 되는 것이다. 처음, 사람이 신의 목소리로 들은 것을 이제는 양심이라 부르는 자기 의식 안의 독립된 힘으로 듣는다.

그러나 이 개념은 우리를 순진한 의식의 단계 훨씬 너머에, 도덕률이 독립된 규범으로 다뤄지는 영역까지 데려간다. 거기서 규범은 인간 의식에 좌우되지 않으며, 심지어 스스로 존재하는 형이상학적 존재로 변한다. 그것은 형이상학적 실재론의 보이는-보이지 않는 힘과 유사하다. 따라서 그것은 항상 형이상학적 실재론의 귀결로 나타난다. 이미 본 바와 같이, 형이상학적 실재론은 주어진 지각의 세계와 우리가 사고하는 개념의 세계의 근거를 외부의 물자체에 둔다. 형이상학적 실재론은 여기, 이 복제된 세계에서 도덕의 기원을 반드시 찾아야 한다. 그 기원에 관해 두 가지 시각이 가능하다. 현대 유물론이 여기는 것처럼, 물자체가 사고하지 않고 순전히 기계적 법칙으로 움직인다면, 물자체는 인간 개인과 그에게 속한 모든 것을 그로부터 순전히 기계적 필연으로써 만들어내야 한다. 이 관점에서 자유라는 의식은 그저 환상에 불과하다. 나는 내 행동의 주인이라고 생각하지만, 그것은 나를 구성하는 것과 나를 결정하는 그 안에서 진행되고 있는 움직임들의 문제다. 나는 스스로 자유롭다고 상상하지만 사실 나의 모든 행동은 내 물리적 · 정신적 유기체의 기반인 대사작용의 결과일 뿐이다. 단지 우리가 자유의 감정을 가지도록 우리에게 강요하는 동기를 모르기 때문이다. "우리는 자유의 감정이 외부에서 강요된 동기의 부재에 달려 있음을 강조해야 한다." "우리의 행동은 우리의 사고만큼 필연의 영향 아래 있다."(테오도어 치엔, 『생리학적 심리학 지침』, 207쪽)

또 다른 가능성은 누군가 모든 현상 뒤에 있는 절대자, 영적 존재를 찾아낸다는 것이다. 그렇다면 그 사람은 행위 원천을 어떠한 영적 힘에서 찾으려 할 것이다. 그는 이성이 담고 있는 도덕적 원리를 영적 존재가 자기의 특별한 목적을 인간에게서 추구한 것의 출현이라 여길 것이다. 이 관점의 이원론자에게 도덕률은 절대자가 명령한 것이고, 인간의 유일한 과제는 이성으로 절대자의 결정 사항을 발견하고 실행하는 것이다. 이원론자에게 세계의 도덕 질서는 그 너머에 있는 고차원적 질서의 가시적 상징이다. 인간의 도덕성은 신적 세계 질서의 계

자유의 철학
The Philosophy of Freedom

시다. 도덕 질서에 있어 중요한 것은 인간이 아닌 실재 그 자체, 즉 신이다. 인간은 신이 의지(意志)하는 바를 행해야만 한다. 그렇게 실재를 신으로 규정한 에두아르트 폰 하르트만은 신의 존재를 삶의 괴로움으로 여겼고, 그 신적 존재가 세계라는 수단으로, 자기의 끝없는 괴로움에서 해방되고자 세계를 창조했다고 믿었다. 그러므로 이 철학자는 인류의 도덕적 진화를 신을 구원하는 한 과정으로 보았다. "오직 자각하는 개인이라는 이성의 영역에 세계의 도덕 질서를 짓는 것만이 세계의 목적에 근접할 수 있다." "실존은 신의 현현(顯現)이다. 세계의 모든 과정은 육화(肉化)한 신의 열정이며, 동시에 육신으로 십자가에 못박힌 그를 구원하는 방식이다. 그리고 도덕이란 고통과 속죄의 과정을 줄이기 위해 우리가 서로 돕는 것이다."[하르트만, 『도덕의식의 현상학(*Phanomenologie des sittlichen Bewusstseins*)』, 871쪽] 이 관점에서 사람은 자기 의지로 행위하지 않고, 구원받고자 하는 신의 의지 때문에 행위한다. 유물론적 이원론자가 인간을 기계화하고, 행위는 순전히 기계적 법칙에 따른 인과의 효과로 보는 반면, 유심론적 이원론자(예컨대 물자체인 절대자를 영적으로 보는)는 인간을 절대자의 의지에 따르는 노예로 만든다. 유물론도 유심론도 어떤 형이상학적 실재론의 일반적인 다른 형태도 모두 자유에 대한 여지가 없다.

소박실재론과 형이상학적 실재론이 유지되려면 인간의 자유를 부정해야 하고, 같은 이유에서, 인간은 필연에 강요된 원리를 완수하고 실행하는 것만 할 뿐이라고 해야 한다. 소박실재론은 인간을 지각할 수 있는 존재 혹은 지각할 수 있는 존재와 비슷한 것 아니면 최후에는 추상적 양심의 소리라는 권위에 지배받는 존재로 만들어 자유를 파괴한다. 형이상학자는 자유를 인정할 수 없다. 왜냐하면, (그에게) 인간은 물자체에 의해 기계적으로나 도덕적으로 결정되기 때문이다.

일원론은 소박실재론이 지각의 세계가 하는 역할을 인정하는 것에는 부분적 정당성이 있다고 본다. 직관으로 도덕관념을 만들 능력이 없는 사람은 그것을 다른 이로부터 받아야 한다. 밖에서 자기의 도덕원리를 받는 사람은 사실 누구든 자유롭지 않다. 그러나 일원론은 지각만큼 관념에도 중요성을 둔다. 관념은 오직 인간 개인에서만 스스로 나타날 수 있다. 오로지 이 영역에서 오는 충동을 따르는 사람만이 자유롭다. 하지만 일원론은 모든 형이상학의 정당성을 부정하고, 그 결과 소위 "물자체"라 부르는 것에서 오는 행위 충동의 정당성도 부정한다. 일원론의 시각에서 인간은 지각할 수 있는 외부의 강요를 따르는 한 자유롭지 않고, 오직 자신을 따를 때만 자유롭다. 일원론은 지각과 개념 뒤에 숨겨진 의식하지 못한 어떤 종류의 강요도 인정하지 않는다. 만약 어떤 이가 다른 사람의 행위를 자유롭지 않다고 주장한다면, 그는 행위의 원인이 되는 사물 혹은 제도를 가시 세계 안에서 보여주어야만 한다. 그리고 그가 행위의 원인은 지각과 사고의 실제의 세계 밖에 있다고 호소하며 그의 견해를 뒷받침한다면, 일원론은 그러한 주장은 고려하지 말아야 한다.

일원론에 따르면, 사람의 행위는 일부 자유롭고 일부 부자유하다. 인간은 지각의 세계에서 스스로를 부자유하다고 생각하고 자신 안에서 자유로운 영을 깨닫는다.

형이상학자는 도덕률이 고차원적 힘에서 발생한다고 여길 수밖에 없지만, 일원론자에게 이는 인간 자신이 스스로 품는 생각이다. 그에게 도덕 질서는 그저 순수한 자연의 기계적 규칙 혹은 세상을 통치하는 신에 대한 하나의 상이 아닌, 하나부터 열까지 모두 인간이 자유로이 창조한 것이다. 신의 의지가 아닌 자신의 의지를 실현하는 것이 사람의 할 일이다. 그는 다른 존재의 것이 아닌 자신의 결정과 의도를 실행한다. 일원론은 인간 행위자 뒤에 숨어 우리에게 자기의 의지에 따라 행위를 하게 만드는 세계의 통치자를 찾지 않는다. 인간은 오직 자신의 인간적 목적을 쫓는다. 더욱이, 모든 개인은 자신만의 개인적 목적을 추구한다. 그것은 관념의 세계가 공동체 안에서가 아닌 개별 인간 안에서 자기를 실현하기 때문이다. 공동체의 공통된 목표로 보이는 것은 사실 개인 구성원의 개별적 자발성의 결과며, 가장 흔하게는 나머지 사람들이 지도자로 따르는 몇몇 뛰어난 인간들의 자발성이다.

그러므로 일원론은 진정한 도덕 행위, 진실한 자유의 철학 영역에 있다. 또한, 실재의 철학이기도 한 이것은 순진한 이의 물리적·역사적(순진하게 실재적인) 구속을 인정하는 것만큼 단호히 자유로운 영에 대한 형이상학(비실재)적 구속을 거부한다. 일원론이 인간을 삶의 순간마다 자기의 모든 특징을 전시하는 완제품으로 간주하지 않는 한, 인간이 자유로운지 아닌지에 대한 논쟁은 쓸모가 없다. 일원론은 인간을 계발해 나아가는 존재로 여기며, 이 과정에서 자유로운 영의 단계에 이를 수 있는지를 묻는다.

일원론은 자연이 인간을 자유로운 영을 갖춘 완제품으로 태어나게 하지 않았고 여전히 부자유한 존재로 발전을 계속하는 곳에서부터 자기 자신을 찾는 어떤 단계까지 이끌어간다는 것을 안다.

일원론은 도덕성을 부정하지 않으며, 물리적·도덕적 강제 때문에 행위하는 존재는 진정으로 도덕적일 수 없다는 점을 분명하게 인식한다. 아울러, 일원론은 자연적 충동과 본능에 따른 기계적 행위와 도덕 규범에 따른 복종 행위를 필연적인 도덕의 초보 단계로 보지만, 자유로운 영이 일시적인 이 두 단계들을 초월할 수 있음을 안다. 일원론은 대개 소박한 도덕 준칙이라는 스스로 부과한 족쇄와 외부에서 부과된 모든 사변적인 형이상학자의 준칙들로부터 인간을 해방한다. 일원론은 지각을 없앨 수 없는 것처럼 전자, 즉 소박한 도덕 준칙들을 없앨 수 없다. 그리고 일원론은 후자, 즉 사변적 형이상학자의 도덕 준칙들을 거부한다. 왜냐하면, 일원론은 모든 세계 현상의 해명 원리들을 세계의 밖이 아닌 안에서 찾기 때문이다. 일원론은 사람에게 적용되는 인식 원리 외의 원리들을 거부하는 것처럼, 또 그렇게 인간으로부터 기원하지 않은 도덕 준칙의 개념들을 거부한다. 인간의 도덕은 앎이 그렇듯 인간 본성에 좌우되고, 고차적 존재들이 앎을 통해 우리가 뜻하는 것과는 아주 다른 어떤 것을 뜻하는 것처럼, 그렇게 우리는 다른 존재들은 매우 다른 도덕성을 지니고 있을 것이라고 추정할지도 모른다. 어쩌면 심지어 그 도덕의 관점은 그들의 행위에 전혀 적용되지 않을지도 모른다. 요컨대, 일원론의 관점에서 이 문제를 논하는 것 자체가 터무니없는 일이다. 일원론자에게 도덕은 인간의 확고한 특징이며, 자유는 인간이 도덕적이기 위한 방식이다.

12

세계의 목적과 삶의 목적(인간의 운명)

인류의 영적 삶에 존재하는 다양한 흐름 가운데 우리가 지금 추적해야 할 것이 하나 있는데, 그것을 목적 개념의 제거라고 부를 수 있겠다. 목적률은 연속된 현상의 특수한 한 종류다. 목적률은 선행 사건이 후행 사건을 결정짓는 인과관계와는 대조적으로, 후행 사건이 선행 사건을 결정할 때만 진정한 실재가 된다. 이것은 오직 인간 행위의 영역에서만 가능하다. 인간은 행위를 하기에 앞서 먼저 관념상으로 그 행위를 떠올리고 이 관념이 자기 행위를 결정하도록 허락한다. 결과, 즉 행위는 관념을 통해 선행하는 행위자에게 영향을 미친다. 만약 이 연속된 사건이 목적성을 지니는 것이라면, 인간의 관념을 경유하는 이 우회의 과정은 불가피하다.

우리는 인과 분석 과정에서 반드시 개념과 지각을 구분해야 한다. 원인 지각은 결과 지각보다 앞선다. 우리가 원인과 결과를 그에 해당

자유의 철학
The Philosophy of Freedom

하는 개념으로 서로 연결해낼 수 없으면, 그 둘은 우리 의식 안에 그저 나란히 놓여 있다. 결과에 관한 지각은 언제나 원인에 관한 지각의 결과다. 만약 그 결과가 원인에 진짜 영향을 주려면 오직 개념적 요인으로만 그렇게 할 수 있다. 왜냐하면, 결과의 지각 요인은 원인의 지각 요인에 앞서 존재할 수 없기 때문이다. 꽃이 뿌리의 목적, 즉 전자가 후자를 결정한다고 주장하는 사람은 누구든지 자신의 사고가 그 속에 드러난 꽃의 그 요인에 관해서만 이 주장을 유효하게 할 수 있다. 뿌리가 생겨날 때 꽃의 지각 요인은 아직 존재하지 않는다.

목적 연관성이 있으려면 결과와 선행 사건의 법칙에 따른 관념적 연결뿐 아니라 반드시 지각할 수 있는 과정으로 결과의 개념(법칙)이 원인에 영향을 주어야 한다.* 그러한 대상에 대한 지각 가능한 개념의 영향은 유일하게 인간 행위에서만 관찰된다. 따라서 오직 이 영역만이 목적 개념을 적용할 수 있는 곳이다. 지각 가능한 것만 실재라 여기는 순진한 생각은 반복적으로 지적했듯, 관념의 요인밖에 찾을 수 없을 때조차 지각 요인을 도입하려 시도한다. 지각 가능한 사건의 장면 중, 지각할 만한 연결점을 찾다가 실패하면 상상을 가져온다. 주관적 행위에 유효한 목적 개념은 그러한 상상적 연결을 발명하는 데

● '결과의 개념이 원인에 영향을 주어야 한다.'는 것은 결과의 상이 원인인 행위가 일어날 때 지각되어야 한다는 것이다. 즉, 예측되고 의지된 것이어야 한다는 말이다.

매우 편리하다. 순진한 사고방식은 목적이 사건 자체를 어떻게 생산하는지 알고 그에 따라서 자연도 똑같이 진행된다고 결론 내린다. 순전히 관념적인 자연과의 연결에 있어 그러한 사고방식은 보이는 힘뿐 아니라 보이지 않는 실제 목적을 찾는다. 인간은 목적을 이루는 데 필요한 도구를 만든다. 같은 원리로, 소박실재론자는 창조자가 모든 유기체를 구성한다고 상상한다. 이러한 잘못된 목적 개념이 과학에 의해 물러나는 것은 더디게 이루어진다. 철학에서는, 심지어 오늘날에조차도, 이러한 잘못된 목적 개념이 여전히 상당한 해를 끼치고 있다. 철학자는 아직도 묻는다. 세계의 목적은 무엇인가? 인간의 기능(그리고 결과적으로 목적)은 무엇인가? 등.

일원론은 유일하게 인간 행위에만 예외를 두고 나머지 모든 영역에서 목적 개념을 부정한다. 일원론은 자연의 목적이 아닌 자연의 법칙에 관해 탐구한다. 자연의 목적은 보이지 않는 힘 못지않게 임의로 가정한 것이다. 그러나 인간이 스스로 정하지 않은 삶의 목적도 일원론의 시각에서는 불합리한 가정이다. 인간이 목적성을 부여한 것 외에 그 어떤 것도 목적성은 없다. 왜냐하면, 오직 관념의 실현에서만 목적성을 갖는 어떤 것이 생겨나기 때문이다. 하지만 관념은 오직 인간의 행위로만 실제적 의미에서 효력을 갖는다. 그러므로 삶은 인간이 스스로 부여한 것 외에 그 어떤 목적도 기능도 없다. "삶 속에 인간의 목적은 무엇인가?"라고 묻는다면, 일원론은 한 가지 답을 한다. 목적은 인간이 스스로 부여한 것이다. 나에게 주어진 세상 속의 숙명은 없고, 모든 순간 나의 사명은 내가 스스로 선택한다. 인생의 여정을 떠날 때, 나에게 정해진 길이 그려진 지도 따위는 없다.

관념은 오로지 인간 행위자를 통해서만 실현된다. 따라서 역사로 나타난 관념의 화신에 관한 이야기는 유효하지 않다. "역사는 자유를 향한 인간의 진화다." 혹은 "도덕적 세계 질서의 실현" 등의 진술은 일원론의 관점에서 성립할 수 없다.•

목적 개념을 지지하는 사람은 목적에 항복함으로써 모든 세계의 질서와 통합을 따른다고 믿는다. 예를 들어 로버트 해머링(『의지의 원자론』, 2권 201쪽)의 말을 들어보자. "자연에 본능이 있는 한, 자연에 목적이 있음을 부정하는 것은 어리석다. 인체의 사지 구조가 공중 어딘가에 떠 있는 사지의 관념에 의해 결정되고 조절되지 않고, 더 포괄적인 전체, 사지가 속한 신체와의 연결에 의해 구조가 결정되듯, 식물, 동물, 사람 등의 모든 자연적 대상도 공중에 떠다니는 관념에 의해 결정되고 조절되는 것이 아니라 목적에 따라 자연스럽게 펼쳐지고 조

● 이 진술들은 19세기에 지배적이었던 사변적 역사철학에 널리 퍼진 명제들이다. 19세기 많은 사회사상들이 목적론적 역사관을 가졌다. 역사의 동력, 과정, 종말에 대해 기독교적 종교사관은 말할 것도 없고 계몽주의적 역사관 역시 거울대칭적 성격의 목적론적 역사관을 보였다. 칸트는 '자연의 숨은 계획'을 발견할 수 있는 보편사의 원리를 내세우려고 했으며 헤겔은 절대정신의 실현 과정으로서 역사, 마르크스는 계급 없는 사회를 향해 움직이는 역사의 목표를 역설했다.

직되는, 자연을 포함하는 전체의 형성 원리에 의해 결정된다." 그리고 같은 책 191쪽에서 이렇게 말한다. "목적률에는 이 자연 삶 안의 무수한 부적응과 고통에도 불구하고, 자연의 형성과 성장에 있어 잘못될 수 없는 목적과 계획에 관한 고도의 적응이 있다. 그러나 이 적응은 자연법칙의 한계 안에서만 실현되며, 불쾌하지만 피할 수 없는 죽음, 성장, 쇠락과 그들 사이의 중간 단계를 만나지 않는 상상적 동화 나라를 만들지는 않는다. 목적률을 비평하는 이가 자연이 모든 영역에서 드러내 보이는 목적률의 신비로 가득 찬 세계에 대해, 부분적이거나 전체적 또는 상상적이거나 실제로 부적응한 것들의 쓰레기 더미를 공들여 모아 반대할 때, 나는 이것을 그저 재밌는 것으로 여길 따름이다⋯."

여기서 말하는 목적률은 무슨 뜻인가? 그저 전체 안에 지각이 조화로운 것을 말한다. 하지만 지각된 모든 것은 우리가 사고로 발견하는 법칙(관념)에 기초하므로, 지각 전체 구성 요소의 체계적인 일관성은 이 지각 전체에 포함된 관념적 구성 요소의 (논리적) 일관성에 불과한 것이다. 동물이나 사람이 공중에 떠 있는 관념으로 결정되지 않는다고 말하는 것은 오해의 소지가 있는 표현이고 비평가가 공격하는 견해는 그 구절이 바르게 놓이는 즉시 명백한 불합리성을 잃게 된다. 동물은 분명 공중에 떠 있는 관념에 의해 결정되는 것이 아니라, 그 속에 내재되고, 그 본성의 법칙을 구성하는 관념에 의해 결정된다. 관념

자유의 철학
The Philosophy of Freedom

이 그 특성상 자연 대상에 외적으로 나타나기보다 내적으로 작용하기 때문에 우리는 여기서 목적률을 말할 수 없다.[●] 자연의 대상이 외부에서 정해진다는 것을 부정하는 사람은(그리고 그것이 공중에 떠 있는 관념에 의해서인지 창조자의 의식에 존재하는 것에 의해서인지는 이 맥락에서 중요치 않다.) 그러한 대상은 외부에서 주어지는 목적과 계획이 아닌 내부의 원인과 결과로 결정됨을 인정해야 한다. 기계는 자연에서 주어지지 않은 부품 간의 연관성을 내가 수립하면 그 목적에 맞게 만들어진다. 내가 목적하는 바의 특징을 가진 이 조합은 그 안에 구성되고, 그렇게 해서 나는 기계의 작동 방식에 관한 내 관념을 기계 안에 구현한다. 이로써 기계는 그것에 관한 관념이 구현된 하나의 지각 대상으로서 존재하게 된다. 자연 대상들도 매우 비슷한 성격을 갖는다. 어떤 사물이 계획이나 법칙에 따라 형성되었기 때문에 그것에 목적이 있다고 생각하는 이는, 만약 그가 이러한 종류의 목적성을 인간 행위에 속한 것과 혼동한다면, 자연물에도 역시 목적이 있다고 할 것이다. 목적을 갖기 위해서는 그 작용인이 반드시 하나의 개념, 더 정확히 말해, 그 결과의 개념이어야 한다. 하지만 우리는 그렇게 원인으

● '공중에 떠 있는 관념'과 '그 속에 내재된 관념'의 대비를 통해 슈타이너가 말하고자 하는 바는 다음과 같다. 우리가 동물에 대한 관념을 가질 때 상상으로 만드는 것이 아니라 동물의 속성에 대한 관찰과 사고를 통해 만든다. 그리고 이를 통해 인간만이 가질 수 있는 목적률이 아닌 인과율, 즉 '그 본성의 법칙'을 알게 된다. 이 관념은 자연 대상 외부에서 인간이나 신의 힘 같은 외적인 것에 따라 만들어진 것이 아니며 대상 자체의 내적인 것을 파악한 것이므로, 내적으로 인과율만 적용되는 '본성 법칙'이 지배하는 대상에 목적률이 작용한다고 상상하는 것은 근거가 없다는 것이다.

로 작용하는 개념을 자연 안에서 짚어낼 수 없다. 하나의 개념은 언제나 인과의 관념상 결합이다. 원인은 자연에서는 오직 지각의 형태로만 발견된다.

이원론은 우주 그리고 자연의 목적에 관해 이야기할지 모른다. 우리의 지각이 법칙에 따른 인과의 결합이라고 보는 한, 이원론자는 우리에게 주어진 것은 절대자가 자기의 목적을 실현해낸 결합의 상일 뿐이라고 얼마든지 가정할 수 있다. 반대로, 일원론에 있어 절대적 실재의 폐기는 또한 세계와 자연 안에 있다고 추정한 목적성의 폐기를 시사한다.

자유의 철학
The Philosophy of Freedom

13

도덕적 상상력(다원주의와 도덕)

자유로운 영은 그의 충동, 즉 전체 관념 세계에서 그의 사고가 선택한 직관으로 행위한다. 자유롭지 않은 영이 그의 관념 세계에서 자기 행위의 근거로 삼기 위해 특정 직관을 뽑아내는 이유는 그에게 주어진 지각의 세계, 즉 과거 경험에 있다. 그는 결정하기 전 비슷한 상황에 다른 사람은 어떻게 했을까 혹은 무엇이 적절하다고 권해졌나, 또는 신은 그 경우에 어떻게 하라고 명령했나 등을 회상하고, 이 기억에 근거해 행위한다. 자유로운 영은 이러한 사전 단계를 생략한다. 그의 결정은 완전히 독창적이다. 그는 같은 경우 다른 이가 어떤 명령을 내렸는지 혹은 다른 이가 어떻게 했는지를 신경 쓰지 않는다. 오직 순수하게 관념적(논리적) 근거만이 그가 개념의 총합에서 특정 개념을 고르게 하고, 그것을 행위로 실현하게 한다. 하지만 그의 행위는 지각 가능한 실재에 속한다. 따라서 그가 이뤄내는 것은 분명한 지각의 내용과 일치한다. 그의 개념은 구체적인 특정 사건에서 실현될 것이다. 개념 안에 이 사건은 특정한 것으로 있지 않다. 개념은 일반적으로 개념이 그에 해당하는 지각에 연결된 것처럼 그 사건의 포괄적 속성만을 나타낸다.(예: 특정 사자에 적용되는 사자라는 개념) 개념과 지각의 연결점이 바로 관념이다. 자유롭지 못한 영에게 이 중간 연결점은 처음부터 주어진다. 동기는 그의 의식에 관념의 형태로 처음부터 존재한다. 그는 무엇을 하려고 할 때마다 다른 사람이 어떻게 했는지 본 대로 하거나 개별 경우마다 주어진 지시에 따라 행동한다. 따라서 권위가 가장 효과적인 사례의 형태로, 즉 특정 행위에 대한 전통적 모범의 형태로 부자유한 영에 하나의 지침으로 전수된다. 기독교인은 구세주의 가르침보다 그의 모범을 더 자기 행위의 본보기로 삼는다. 규칙은 무엇을 해야 할지보다 무엇을 하지 말아야 할지에 가치를 둔다. 법은 행위를 지시할 때가 아니라 금지할 때만 보편적 개념의 형태를 보인다. 우리가 무엇을 해야 하는지에 관한 법은 자유롭지 못한 영에 완전히 구체적 형태로 주어진다. 네 집 앞의 거리를 청소하라! 세무 관리에게 이러저러한 세금을 납부하라! 등. 개념 형태는 행위를 금지하는 법에 속한다. 도둑질하지 말라! 간음하지 말라! 그러나 이런 법 또한 자유롭지 못한 영에게는 구체적 관념, 예를 들어 인간 권위가 부과한 처벌에 관한 관념 혹은 양심의 가책 또는 영원한 지옥살이 등으로만 영향을 준다.

심지어 행위 동기가 보편 개념의 형태(예: 이웃을 이롭게 하라! 네 최대의 행복을 증진하도록 살라!)라도 여전히 특정 상황에 적용할 내 행위의 구체적 관념(지각 내용과 개념의 연관성)을 찾아야 한다. 처벌에 대한 두려움이나 다른 모범 등으로 유도되지 않는 자유로운 영은 이 개념에서 관념으로 옮겨가는 과정이 언제나 필요하다.

구체적 관념은 우리 개념에 기반해서 상상으로 만들어진다. 그러므로 자유로운 영이 자신의 개념을 실현하고 자기 자신을 세상에 발휘하는 데 필요한 것이 바로 도덕적 상상력이다. 이것이 자유로운 영의 행위 원천이다. 그러므로 오직 이 도덕적 상상력이 있는 사람만이 정확히 말해서 도덕적으로 생산적이다. 도덕에 대해 설교하는 이, 즉 겨우 도덕 규칙을 고안해낼 뿐 그것을 구체적 관념으로 압축해낼 수 없는 이는 도덕적으로 결실이 없다. 그들은 마치 예술 작품을 어떻게 만들어야 하는지를 능숙하게 설명할 수 있지만 정작 자신은 최소한의 예술품 하나도 만들 수 없는 비평가와 같다.

도덕적 상상력이 그 관념을 실현하기 위해서는 확정적인 지각 영역에 들어가야 한다. 인간 행위는 새로운 지각을 창조하는 것이 아니라 이미 존재하는 지각을 변용하여 거기에 새로운 특성을 부여한다. 분명한 지각의 한 대상 혹은 그러한 대상의 총합을 도덕관념에 맞게 바꾸기 위해서는, 그 대상의 법칙(바꾸거나 혹은 다른 방향을 주려는 그 대상의 작동 양식)을 이해할 필요가 있다. 나아가, 기존 법칙을 새로운 법칙으로 바꿀 수 있는 과정을 발견할 필요도 있다. 효과적인 도덕 활동의 이 부분은 한 사람이 다룰 특정한 현상 세계에 대한 앎에 달려 있다. 그러므로 우리는 그것을 과학적 지식의 일부에서 찾게 될 것이다. 그렇다면 도덕적 행위는 도덕적 개념 능력(오직 얄팍한 비평가만이 여기와 다른 문단에 등장하는 "능력"이라는 단어를 혼의 능력이라는 구식의 교리로 받아들일 것이다. 161쪽에서 이 단어의 정확한 의미를 언급하였다.)과 도덕적 상상력에 더해 자연법칙을 위반하지 않으면서 지각 세계를 바꾸는 능력이 있어야 한다. 이 능력이 도덕적 기술이다. 이것은 일반적으로 과학을 배우는 방식으로 배울 수 있을 것이다. 왜냐하면, 일반적으로 인간은 상상 속에서 아직 존재하지 않는 미래의 행위를 만들어내는 것보다 있는 그대로의 세계에서 개념을 찾는 것을 더 잘할 수 있기 때문이다. 그러므로 도덕적 상상력이 없는 이가 다른 이로부터 도덕관념을 받고, 이를 실제 세계에서 능숙하게 구현하는 것도 충분히 가능하다. 반대로, 도덕적 상상력을 갖춘 이라 하더라도 기술이 능숙하지 않으면 자신의 관념을 실현하기 위해 다른 사람의 도움에 의지해야 할 때도 있을 것이다.

우리가 도덕적 행위를 하려고 하는 대상에 관한 앎이 요구되는 한 우리의 행위는 그러한 앎에 따라 달라진다. 여기서 우리가 알아야 하는 것은 자연법칙이다. 그것은 윤리(ethics)가 아닌 자연과학에 속한다. 도덕적 상상력과 도덕적 개념 능력은 우선 그 개인이 그것을 먼저 이용한 후에야 이론(理論)의 대상이 될 수 있다. 하지만 그렇기 때문에 그것은 더는 삶을 규제하는 것이 아닌, 이미 규제해온 것이 된다. 도덕적 상상력과 개념은 다른 원인(이것은 오직 주체에게만 목적이다.)처럼 영향을 미치는 원인으로 취급해야 한다. 그것을 연구하는 것이 이를 테면 도덕관념의 자연과학이다.

이 과학을 넘어서는 상위 규범과학으로서 윤리는 불가능하다.

어떤 이는 유기체의 생명 조건에서 일반적 규칙을 연역하고, 그 규칙들이 신체에 구체적인 방향을 지시하기를 희망하면서, 적어도 도덕을 식이요법과 같은 방식으로 받아들이며 도덕 법칙의 규범적 특징을 주장할지 모른다.[파울젠(Paulsen), 『윤리학 체계』] 그러나 우리의 도덕적 삶은 유기체의 삶과 비교할 수 없으므로 이 비교는 잘못되었다.● 유기체의 행동은 우리의 자유 의지와 상관없이 일어난다. 그것의 법칙은 우리가 발견하고 또 적용할 수 있는 세계 안의 고정 자료다. 반면, 도덕 법칙은 우리가 만들어내지 않으면 존재하지 않는다. 우리가 그것을 창조하기 전까지 적용할 수 없다. 오류는 도덕 법칙이 매 순간 새롭게 창조되기 때문이 아니라 전통에 의해 전수되기 때문에 발생한

● 2080 사회를 설명하는 파레토의 법칙과 같은 경우를 말한다. 1896년 파레토는 이탈리아 인구 20%가 80%의 토지를 소유하는 이유를 20% 콩깍지가 80%의 콩을 산출하는 것을 보고 자연법칙이 사회에 적용된 것이라 여겼다. 20%의 원인이 80%의 결과를 만든다고 일반화하였고 지금까지도 여러 사회 이론에 인용되고 있다.

다. 우리 선조로부터 물려받은 것(도덕 법칙)은 마치 유기체의 자연법칙처럼 주어진 것으로 보인다. 그러나 이로부터 후세들이 마치 식이요법을 적용하는 방식으로 도덕 법칙을 적용할 권리가 따라오는 것은 아니다. 왜냐하면, 도덕 법칙은 자연법칙에서처럼 한 종(種)의 표본이 아니라 개인들에게 적용되기 때문이다. 하나의 유기체로서 나는 종의 표본이고, 내 종의 법칙을 나라는 특정 사례에 적용했을 때 자연 속에 조화롭게 살아간다. 하나의 도덕 행위자로서 나는 한 개인이고 나만의 개인적 법칙을 갖는다.[파울젠은 위에 언급한 책 15쪽에서 이렇게 말한다. "다르게 타고난 자연적 자질과 생명 조건은 육체, 정신적 그리고 도덕적 식습관 또한 다르게 요구한다." 그는 정확한 관점에 아주 근접했지만, 결정적인 점을 놓쳤다. 내가 한 개인인 한 나는 어떤 식습관도 필요 없다는 점이다. 식이요법학(Dietetic)은 한 특정 표본을 그 종의 보편 법칙 안에 조화롭게 가져오는 것을 말한다. 그러나 하나의 개인(individual)으로서 나는 한 종의 표본이 아니다.]

여기서 견지하는 관점은 진화론으로 알려진 현대 과학의 근본적 신조에 반하는 것으로 보인다. 그러나 오직 그렇게 보일 뿐이다. 진화란 자연법칙에 따라 후세대가 전세대보다 실제적으로 개발된 것을 뜻한다. 유기 세계에서 진화는 후기(더 완벽한) 유기적인 형태가 이전의 불완전한 형태의 실제 후손이며, 자연법칙에 따라 그것들로부터 성장했다는 것을 의미한다. 유기 진화론의 지지자들은 우리가 인간으로서 존재할 수 있었고, 충분히 긴 수명을 부여받았다고 가정할 때, 우리

자유의 철학
The Philosophy of Freedom

자신의 눈으로 파충류의 점진적인 진화를 관찰할 수 있었던 때가 있었다고 믿는다. 마찬가지로 진화론자들은 인간이 칸트-라플라스 가설의 원시 성운에서 태양계의 발전을 지켜볼 수 있었을 것이라고 추측한다. 만약 인간이 그 무한히 긴 기간 동안 세계-에테르에서 적절한 위치를 차지할 수 있었다면 말이다. 그러나 어떤 진화론자도 우리가 단 한 번도 파충류를 보지 않아도 원시양막동물의 개념에서 모든 특성을 포함한 파충류의 개념을 추론할 수 있다고 주장할 생각은 못할 것이다. 원래 성운의 개념이 성운의 지각에서만 형성되었다면, 칸트 라플라스 성운의 개념에서 태양계를 도출하는 것은 거의 불가능할 것이다. 다시 말해, 진화론자가 일관되게 생각한다면, 그는 진화의 이전 양상에서 진화의 이후 양상이 실제로 발달하며, 불완전의 개념과 완전의 개념이 일단 주어져야 우리가 연관성을 이해할 수 있다고 주장할 수밖에 없다. 그러나 어떤 경우에도 그는 이전 단계에서 형성된 개념 자체가 이후 단계를 추론하기에 충분하다고 인정하지는 않을 것이다. 이로부터 윤리학의 문제를 미루어 짐작해보면, 우리는 이후의 도덕 개념과 이전 개념의 연관성을 이해할 수 있음에도 불구하고, 이전의 도덕관념들로부터 단 하나의 새로운 도덕관념도 추론할 수 없다는 결론이 뒤따른다. 도덕적 존재인 한 개인은 자신만의 내용을 만든다. 이처럼 만들어진 내용은 파충류가 자연과학에 한 자료인 것처럼 윤리의 한 자료다. 파충류가 원시양막동물에서 진화했지만, 과학자는 양막동물의 개념에서 파충류의 개념을 지어낼 수 없다. 나중의 도덕관념은 앞선 도덕관념에서 진화하지만, 윤리는 앞선 시대의 도덕 원리에서 지어낼 수 없다.● 혼란은 과학자로서 우리는 우리 앞에 있는 사실에서 시작하여 그 사실에 대한 이론을 만드는 반면 도덕적 행동에서 우리는 먼저 사실을 직접 만들어내고 그에 대해 이론화한다는 점에 기인한다. 낮은 수준에서 자연이 성취하는 것을 우리는 도덕

● 교과서에서는 '도덕'을 개인적 선택 가치, '윤리'를 사회적 강제 가치의 성격이라고 가르치고 있다. 그러나 이 두 용어는 그렇게 정의되고 보편적으로 통용되는 것은 아니다. 희랍어 ethos를 서구는 ethics, 일본은 '윤리'로 번역했고 라틴어 mores를 서구는 moral, 일본은 '도덕'으로 번역했다. 그러나 희랍어 ethos는 라틴어 mores로 번역되었다. 이렇게 낱말의 기원에서는 구별되지 않았던 용어가 근대 철학에서는 논자에 따라 지금 교과서가 안내하는 용법으로 쓰이게 된 것이다. 애초에 에토스든 모레스든 그 기원적 의미에는 '개인'이 있을 수 없었다. '개인'이 가치의 주체가 된다는 생각 자체가 근대의 산물이기 때문이다.

서구에서는 그리스 시대 파토스(주관적 감정)-에토스(문화적·집단적 감정)-로고스(객관적 이성)의 구별로 쓰였던 것이 로마·라틴어의 문자 문화 발달과 이를 이어받은 르네상스 이후 이성중심주의, 개인주의의 발달로 인해 에토스의 번역어였던 모레스에 이성적·개인적 성격이 부가되었다. 여기에 근대 민주주의 이념이 더해지면서 자연히 '개인의 내면적 양심'과 '사회적 합의로서 도덕'의 구별 필요가 대두되었고 이때 전자를 라틴어 모레스, 후자를 희랍어 에토스로 쓰는 문화가 생긴 것이다. 그러나 사전적 정의는 물론이고 실제 용법에서도 여전히 도덕(모레스)을 사회적·공적인 의미로도 사용한다.

한편 한자 도덕(道德)은 자연의 순리가 인간에게 내면화된 상태를 말한다. 윤리(倫理)라는 용어가 사회적 도덕을 가리키는 뜻으로 전통적 개념어로 쓰이지는 않았으며 그러한 용법은 근대에 만들어진 것이다. '천지', '도덕', '인물', '윤리'라는 단어는 쓰였으나 이 문자들은 모두 음/양 대구로 이루어져 있는데, '천=도, 지=덕', '인(人)=윤(倫), 물(物)=이(理)'와 연결되어 쓰였다. 인륜, 물리라고 쓰인 것이다. 그리고 이때 인륜과 물리는 도덕의 세속적이고 일상적인 현상 형태를 뜻하는 것이었다. 도덕이 보편적 진정성의 가치를 추구하는 것이라면 윤리는 일반적·세속적 규범을 의미하는 것으로 쓰였다.

이런 용법의 역사 때문에 혼란이 생긴다. 교과서적 용법은 마치 도덕이 개인적=사적이고 윤리는 사회적=공적이라는 인상으로 이해되곤 한다. 이는 원래 동양 전통 용법과는 정반대다. 도덕이 이념지향적, 윤리가 세속적이라는 의미가 원래 뜻이었는데, 근대 자체가 일종의 '세속화'의 승리 시대가 됨으로써 오히려 윤리(=세속적 합의)가 공인된 가치가 되고 도덕은 개인의 자유 선택이자 주관적인 것처럼 전도된 것이다. 나아가 개인=사적인 것=이기적인 것, 사회=공적인 것=보편선(법)이라는 식의 사회문화적 이미지마저 더해져서 도덕과 윤리에 대한 개념 혼란이 가중되었다.

세계 질서의 진화 과정에서 성취한다. 즉, 우리는 지각 세계의 일부를 바꾼다. 따라서 윤리적 규범은 자연의 법칙처럼 지식의 대상으로 바로 만들어질 수 없다. 왜냐하면, 그것은 먼저 만들어져야 하기 때문이다. 오직 행해진 후에야 규범은 앎의 대상이 될 수 있다.

그렇지만 과연 옛것으로 새로운 것을 평가할 수는 없을까? 모든 사람이 도덕적 상상력을 통한 진술들을 전통적인 도덕 원리의 기준에 따라 평가하도록 강요되고 있지는 않은가? 사람이 정말 도덕성에 있어서 생산적이라면, 그러한 평가는 그가 옛것으로써 자연의 새로운 종을 판단하면서 파충류가 원시양막동물에 일치하지 않으므로 그것들은 변칙적인(퇴화된) 종들이라고 말하는 것이 불합리한 것 못지않게 어리석은 일이다.

그러므로 윤리적 개인주의는 진화론과 대척점에 있다기보다는 오히려 그 직접적인 결과물이다. 유기적 존재인 원생 동물문에서 인간에 이르는 헤켈의 계보도는, 자연법칙을 깨뜨리지 않고 또 그 일관된

이 책에서 슈타이너는 서구 근대 용법을 따라 도덕(모레스)을 개인적, 윤리(에토스)를 사회적이라는 의미로 쓰고 있다. 그러나 이 구별은 개인/집단의 구별일 뿐 주관/객관이나 사/공, 일반/보편, 감정/이성의 대비는 없다는 점에 유의해야 한다. 오히려 이성을 통한 보편가치의 추구 주체는 개인이고 사회적 합의는 욕망과 힘의 교류를 통한 타협이라는 생각이 저변에 깔린 것이다. 그러므로 슈타이너가 이 책 전체에서 '도덕적 개인주의'라 하지 않고 '윤리적 개인주의'라는 용어를 선택했을 때, 그 의미는 '권위'로서의 사회적 규율인 '윤리' 문제에서 외적 강제를 그대로 수용하거나 따르지 않고 '개인주의'를 바탕으로 능동적으로 재구성한다는 것을 뜻한다.

진화에 틈을 만들지 않으면서도, 확고한 도덕적 본성을 가진 존재로서의 개인(individual)에 이르기까지 설명될 수 있어야 한다. 그러나 개인(individual)의 도덕관념이 그의 조상으로부터 지각할 수 있게 자라나온 것이 사실이라 해도 그 개인(individual)이 자기만의 도덕관념이 없다면 도덕적으로 척박하다는 것 또한 사실이다.

앞선 원리에 근거하여 내가 발전시킨 윤리(ethics)적 개인주의 역시 동일하게 진화론에 근거하여 잘 개발될 수 있을 것이다. 최종 결과는 같을 것이다. 그에 이르는 길이 다를 뿐이다. 완전히 새로운 도덕관념이 도덕적 상상력에 의해 만들어져야 한다는 점은, 오직 이 이론, 일원적 세계관이, 과학에서 그러하듯 도덕성에서, 모든 초월적(형이상학적) 영향을 거부한다는 사실이 주어진다면, 진화론이 다른 종에서 새로운 동물의 종이 발전한다는 사실을 이제는 설명할 수 있는 점이나 같다. 그렇게 함으로써, 그것은 새로운 유기체의 원인을 이미 존재하는 형태에서 찾지, 초자연적 간섭을 통해 새로 창조된 관념에 따라 모든 새 종들을 만드는 우주 밖의 신을 따르지는 않게 된다. 일원론에서 살아 있는 유기체를 설명하는 데 초자연적 창조의 관념을 사용하지 않는 것처럼, 도덕적 세계-질서를 이 세계 안에 있지 않은 원인에서 유도하는 것은 불가능하다. 도덕적 삶에 초자연적으로 계속 영향을 미치는 것(세계 밖에서 신의 통치)은 인정할 수 없거니와 역사의 특정 순간, 계시적인 특정 행위(십계명) 혹은 지구에 신의 출현(예수의 신성)

으로 영향을 주는 것도 인정할 수 없다. 도덕의 과정은 일원론에 있어 다른 존재하는 모든 것처럼 자연의 산물이고 그것의 원인은 자연에서, 즉 인간 안에서 찾아야 한다. 왜냐하면, 인간이 도덕의 전달자이기 때문이다.

그러므로 윤리적 개인주의는 다윈과 헤켈이 자연과학에서 수립했던 그 체계의 정점이며, 도덕적 삶에 적용된 진화론이다.

자연의 개념을 시작부터 인위적으로 좁은 영역에 제한하는 이는 자유로운 개인의 행위에 대한 여지를 두지 않기 십상이다. 일관된 진화론자는 그러한 좁은 시야에 쉽게 빠지지 않는다. 그는 진화의 과정이 유인원에서 멈추게 할 수 없으며, 인간이 초자연적 기원을 인정하도록 할 수도 없다. 또한 그는 인간의 유기적 반응에서 그만둘 수 없으며, 단지 이런 것들만을 자연적인 것으로 간주할 수 없다. 그는 도덕적 자기 결정을 유기적 삶의 연속으로 취급한다. 그러면 진화론자는 근본적 원리에 따라, 도덕 행위는 자연 과정의 덜 완벽한 형태로부터 진화한 것이라고 주장할 수 있다. 그는 행위의 특성화, 즉 자유로운 행위로서의 결정을 개별 행위자의 직접적 관찰의 몫으로 남겨두어야 한다. 그가 주장할 것은 인간이 원숭이에서 발달했다는 것뿐이다. 실제로 인간의 본성이라는 것은 자신 스스로에 대한 관찰에 의해서 결정되어야만 한다. 이 관찰의 결과는 결코 진화의 역사와 모순될 수 없다. 오직 자연 세계-질서를 위해 자신의 존재를 배제해도 된다는 결론과 같은 주장만이 자연과학에서 최근의 발전들과 모순될 것이다.[우리는 관찰의 대상으로서 사고(윤리적 관념)에 대해 말할 수 있다. 사고의 결과물이 관찰의 영역에 들어가지 않음에도 불구하고, 우리가 사고를 계속하는 한, 사고의 결과물은 차후에라도 관찰의 대상이 될 수 있다. 이런 식으로 우리는 행동의 성격화에 이른다.]

윤리적 개인주의는, 그러므로 자기 스스로를 이해하는 자연과학에 대한 두려움이 없다. 관찰은 인간 행동의 완벽한 형태의 성격적 자질로서의 자유를 낳는다. 관찰의 이러한 사실과 다른 종류의 과정 사이의 개념적 연결의 수립은 결과적으로 자유로운 행동의 자연적 기원 이론이 된다.

그렇다면 자연의 관점에서 위(42쪽)에서 언급한 차이에 관한 다음의 두 가지 서술, "자유는 당신이 의지하는 것을 할 수 있는 상태다." 그리고 "원하는 대로 분투하거나 하지 않을 능력이 자유 의지라는 신조의 진정한 의미다." 중 무엇을 말할 수 있을까? 해머링(Hamerling)은, 첫 번째 진술은 옳고 두 번째 진술은 불합리한 동어반복이라고 선언함으로써, 정확하게 그의 자유의지론의 근거를 이러한 구별에 두고 있다. "나는 내가 의지하는 것을 할 수 있다. 그러나 내가 의지하는 것을 의지할 수 있다고 말하는 것은 동어반복이다."라고 그는 말한다.

내가 할 수 있는지, 즉 내가 무엇을 할 것인지, 즉 나 자신 앞에 내 행동의 생각으로 설정한 것은 외부 환경과 나의 기술력에 달려 있다.(cp. p. 118) 자유롭다는 것은 행위의 근간에 놓인 관념(동기)을 도덕적 상상력으로 결정할 수 있다는 것을 뜻한다. 나(기계적 과정 혹은 신) 아닌 다른 것이 나의 도덕관념을 결정한다면 자유는 불가능하다. 다르게 말하면, 나는 그저 다른 이가 내게 심어놓은 관념을 인지할 때가 아니라 스스로 그 관념을 만들어낼 때만 자유롭다. 자유로운 존재는 자신이 옳다고 여기는 것을 의지하는 존재다. 자신이 의지하는 것이 아닌 것을 행하는 존재는 자기 안에 놓이지 않은 동기로 행위를 하도록 강요받는다. 그런 이는 행위할 때 자유롭지 않다. 따라서 당신이 원하는 대로 옳은 것 또는 옳지 않은 것으로 여기는 것을 행할 수 있다는 것은 당신이 원하는 대로 자유롭거나 자유롭지 않다는 것을 의미한다. 물론 이것은 자신이 의지할 수밖에 없는 일을 하는 능력과 자유를 동일시하는 것만큼이나 터무니없는 것이다. 그러나 이것은 해머링이 "의지가 항상 동기에 의해 결정된다는 것은 완벽하게 사실이지만, 이 근거에서 그것은 자유롭지 않다고 말하는 것은 터무니없다. 더 큰 자유는 자신의 힘과 의지의 힘에 비례하여 자신을 실현할 자유보다 원해지지도, 인식될 수도 없기 때문이다."고 말할 때의 주장이다. 반대로 더 큰 자유를 원하고 진정한 자유, 즉 자기 의지의 동기를 스스로 결정할 수 있는 자유가 충분히 가능하다.

어떤 조건에서 사람은 자기 의지의 실행을 포기하도록 유도될 수 있다. 그러나 다른 사람들이 그에게 그가 무엇을 할 것인지, 다시 말해 그가 옳다고 여기는 것이 아니라 다른 사람이 무엇을 할 것인지를 규정하도록 허용하는 것은, 그가 자유롭지 않다고 느낄 때만 그에 복종할 것이다. 외부의 힘이 내가 하려는 것을 방해할 수도 있지만, 그것은 단지 내가 아무것도 하지 못하게 몰아세우는 것일 뿐이다. 그들이 내 영혼을 노예로 만들고, 내 머리에서 동기를 몰아내고, 나 대신 그들 자신의 동기를 집어넣기 전까지는, 그들은 정말로 나를 자유롭지 않게 만드는 것을 목표로 하고 있다. 그것이 교회가 단지 행위뿐만 아니라, 특히 내 행위 동기인 불순한 생각들을 공격하는 이유다. 교회에게 동기는 그들이 승인한 것이 아니면 모두 불순하다. 교회는 목사가 양심의 조언자가 된 후에야, 즉 충실한 사람들이 자신들 행위의 동기를 찾기 위해 교회, 곧 고해성사실에 의존한 후에야 비로소 진정한 노예를 만든다.

14

삶의 가치(낙천주의와 염세주의)

삶의 목적과 기능(196쪽 참조)에 관한 질문의 반대에는 삶의 가치에 관한 질문이 있다. 우리는 여기서 서로 반대되는 두 개의 견해와 그들 사이에 타협을 위한 모든 상상할 수 있는 시도를 만난다. 한 견해에 따르면 이 세계는 존재할 수 있는 최고의 세계이며, 그 안에서 살고 행동하는 것은 헤아릴 수 없는 가치의 좋은 것이다. 존재하는 모든 것은 조화롭고 목적성을 가진 협동을 보이며 감탄할 만하다. 심지어 분명히 악으로 보이는 것조차 더 높은 차원에서 보면 선으로 볼 수 있다. 왜냐하면, 그것은 선과 수긍할 만한 대비를 보여주기 때문이다. 우리는 선이 악과 뚜렷하게 대조될 때 선을 더 감사히 여길 수 있다. 게다가, 사실 악이란 실재가 아니다. 더 약한 수준의 선을 우리는 악으로 지각하는 것뿐이다. 악은 선의 부재(不在)로, 그것 자체에는 능동적인 의미가 없다.

이와 다른 관점은, 삶이란 비참함과 고통으로 가득하다고 주장한다. 어디에서나 괴로움은 기쁨보다 묵직하며, 슬픔은 즐거움보다 육중하다. 존재가 짐이다. 그리고 존재하지 않는 것이, 모든 면에서, 차라리 존재보다 낫다.

첫 번째 견해, 즉 낙천주의의 주요 대표자는 섀프츠베리와 라이프니츠다. 두 번째 견해, 즉 염세주의의 주요 대표자는 쇼펜하우어와 에두아르트 폰 하르트만이다.

라이프니츠는 이 세계가 가능한 모든 세계 중 최선이라고 말한다. 더 나은 세계는 불가능하다. 그것은 신이 선하고 지혜롭기 때문이다. 선한 신은 가능한 최선의 세계를 창조하고자 의지하며, 지혜로운 신은 무엇이 최선인지 안다. 그는 모든 다르거나 나쁜 가능성들 중 최선의 것을 구별해낼 수 있다. 오로지 악하거나 어리석은 신만이 가능한 최상의 세계보다 나쁜 세상을 창조한다.

이 견해에서 시작하는 이는 누구든 인간이 우주에 최고의 선에 기여하기 위해 어떤 방향을 따라 행위해야 하는지 쉽게 알아낼 수 있다. 우리가 해야 하는 전부는 신의 조언을 찾아내고 그대로 행위하는 것이다. 신이 세계와 인류에게 목적하는 바를 안다면, 우리는 우리에게 주어진 옳은 일을 할 수 있다. 그리고 우리가 세계의 다른 모든 선에 자신의 몫을 더했다는 점에 행복을 느낄 것이다. 이 낙천적 관점에서 삶은 살 만한 가치가 있다. 그것은 우리를 협력하도록 자극하고 그 안에 적극적으로 참여하게 한다.

쇼펜하우어가 그리는 그림은 상당히 다르다. 그에게 궁극적 실재는 완전히 지혜롭고 유익한 존재가 아니라 맹목적인 분투나 의지다. 지긋지긋한 분투, 절대 이룰 수 없는 만족을 위한 끝없는 갈망, 이런 것들이 모든 의지의 근본적 특성이다. 우리가 원하는 것을 손에 넣는 순간 새로운 욕구가 샘솟고 계속 이어진다. 만족은 극도로 짧은 순간 동안만 지속된다. 나머지 우리 삶은 만족하지 못한 갈망으로 채워진다, 즉, 불만과 괴로움이다. 마침내 맹목적 갈망이 사그라들 때, 우리 삶의 모든 확실한 내용은 사라진다. 존재는 끝없는 무료함으로 가득 차 있다. 따라서 우리가 할 수 있는 최선은 모든 욕망과 욕구를 질식시키고 모든 의지를 전멸시키는 것이다. 쇼펜하우어의 염세주의는 완전한 무기력으로 이끌고, 그것의 도덕적 목표는 우주적 무위(無爲)다.

폰 하르트만은 매우 다른 주장으로 염세주의를 윤리에 활용할 수 있도록 만들려 한다. 그는 우리 시대의 유행에 따라 경험에 세계관의 기초를 세운다. 그는 현대 흐름을 따라 경험적 세계관에 기초한다. 그는 삶을 관찰하여 세계에 즐거움과 괴로움 중 무엇이 더 많은지 알아내려 한다. 그는 겉보기에 만족으로 보이는 모든 것이 가까이에서 검토하면 환상에 불과함을 보이기 위해 인간이 행복이나 선이라고 여기는 모든 것을 이성의 법정 앞에서 검열받게 했다. 그에 따르면, 건강, 젊음, 자유, 충분한 수입, 사랑(성적 만족), 동정, 우정, 가정생활, 명예, 명성, 영광, 권력, 종교적 교화, 과학과 예술 추구, 죽음 이후 삶에 대한 희망, 문명 발전에 이바지하는 데 우리의 행복과 만족의 원천이 있다고 믿는 것은 환상이다. 냉정하게 생각해보면, 모든 즐거움은 세상에 기쁨보다 더 많은 악함과 비참함을 불러온다. "숙취"의 불쾌함은 언제나 취했을 때의 유쾌함보다 크다. 이 세상에 괴로움은 즐거움보다 훨씬 더 많다. 아무리 행복하다 해도 누구도 이 괴로운 삶을 두 번 살고 싶지는 않을 것이다. 하르트만은 세계의 이상적 요소(지혜)가 존재함을 부정하지 않았지만 반대로 그것에 맹목적 추구(의지)와 같은 권한을 부여했다. 그래서 그는 세상의 고통은 지혜로운 세계의 목적을 촉진하기 위한 것이라는 전제로 절대적 존재가 세계를 창조했다고 주장한다. 하지만 창조물의 고통은 곧 신의 고통 자체이며, 자연 전체의 삶은 신의 삶과 일치한다. 완전히 지혜로운 존재는 고통으로부터의 해방을 목표하고, 모든 존재는 고통이므로 존재로부터의 해방을 목적한다. 따라서 세계 창조의 목적은 존재를 더 나은 상태인 비존재의 상태로 전환하는 것이다. 세계의 과정은 신의 고통에 대한 끊임없는 전투이며, 그 전투는 오직 존재의 소멸로만 끝낼 수 있다. 그러므로 인간의 도덕적 삶은 존재의 소멸에 역할을 하는 데 있다. 신이 세계를 창조한 이유는 이를 통해 무한한 고통으로부터 자신을 해방하기

자유의 철학
The Philosophy of Freedom

위해서다. 세계는 절대자의 무의식적 치유의 힘이 자기 안의 질병을 없애고자 일으키는 "이를테면 절대자의 간지럼증" 같은 것 아니면, "모든 하나가 내적 고통을 밖으로 전환해 한 번에 제거하려 자신에게 바르는 고통스러운 소묘용 석고반죽" 같은 것이어야만 한다. 인간 존재는 세계의 구성원이다. 우리가 괴로우면 신도 괴롭다. 신은 그의 무한한 괴로움을 덜기 위해 인간을 창조했다. 우리 각자가 겪는 괴로움은 신의 무한한 고통의 바다에 한 방울 정도에 불과하다.(하르트만,『도덕의식의 현상학』, 866쪽) 개인의 만족을 추구하는 것(이기주의)이 얼마나 어리석은지 온몸으로 아는 것이 인간의 의무이며, 인간은 이타적 세계의 과정으로 신의 구원을 돕는 과업으로 인도되어야만 한다. 그리하여 쇼펜하우어의 염세주의와는 대조적으로, 폰 하르트만은 우리의 행위를 숭고한 대의명분으로 이끈다.

그러나 이 세계관이 경험에 근거한다는 주장은 어떠한가?

만족의 추구는 우리 행위가 실제 우리 삶의 내용 너머의 것을 추구하는 것이다. 생물은 자기 유기체의 기능이 영양분 형태의 신선하게 살아 있는 물질을 공급받길 요구하며 포만감을 갈망할 때, 배고프다. 명예의 추구는 한 사람이 자기가 하거나 하지 않는 행위에 대해 외부의 인정과 승인이 없는 한 가치가 없다고 여기는 데서 만들어진다. 앎의 추구는 자신이 세계에서 보고, 듣는 것 등에 관해 이해하지 못할 때 일어난다. 노력의 성취는 노력한 개인에게 즐거움을, 실패는 괴로움을 야기한다. 여기서 즐거움과 괴로움이 오직 내 노력의 성취와 실패에 달려 있음을 관찰하는 것이 중요하다. 어떤 경우에도 노력 자체를 괴로움으로 여길 수는 없다. 이런 이유로 우리가 노력이 성취되는 그 순간 즉시 새로운 노력에 대한 갈망이 일어남을 발견했다고 즐거움이 괴로움을 낳는다고 말할 수는 없다. 왜냐하면, 모든 경우 기쁨은 그것의 반복 혹은 신선한 즐거움을 갈망하기 때문이다. 괴로움은 오직 성취의 불가능으로 욕망이 급격히 커지는 경우에만 있다고 말할 수 있다. 내가 가지고 있던 즐거움이 나에게 더 크고, 더 미묘하고, 더 색다른 쾌락의 경험에 대한 욕구를 불러일으킬 때조차도, 그 수단이 더 크고 미묘한 쾌락을 얻는 데 실패하기 전까지 나는 이전의 쾌락에 의한 고통이라고 말할 권리가 없다. 예를 들어 여성의 성적 쾌감에 뒤따르는 자녀 출산과 돌봄의 괴로움처럼, 괴로움이 자연법칙으로 즐거움에 뒤따르는 것이 아니라면 즐거움을 괴로움의 원인으로 여길 권리는 없다. 만약 노력이 괴로움을 일으킨다면 노력의 제거는 즐거움을 동반해야 한다. 그러나 바로 그 반대가 진리다. 아무 노력 없는 삶은 지루함을 불러오고, 지루함은 늘 불쾌함을 동반한다. 노력이 성취되기까지는 오래 걸릴 수 있고, 그동안은 성취할 것이라는 희망으로 만족할 수 있어 우리는 괴로움과 노력 사이에는 어떠한 이어진 법칙이 없다는 것, 오히려 괴로움은 오직 노력이 성취되지 않는 상태에만 달려 있음을 인정해야 한다. 그러므로 쇼펜하우어가 욕망이나 노력(의지)이 원칙적으로 괴로움의 원천이라고 한 것은 틀렸다.

　실은, 그것의 정반대가 맞다. 노력(욕망) 자체는 즐거운 것이다. 희박한 희망이지만 강렬히 욕망하는 기쁨에서 생겨나는 즐거움을 누가 모르는가? 이 즐거움은 노동의 동반자이며, 우리가 미래에 즐기게 될 결과다. 즐거움은 목적 달성과는 무관하다. 왜냐하면, 목적이 달성되면, 그 만족의 기쁨은 신선한 황홀감으로서 노력의 즐거움에 더해지기 때문이다. 만약에 누군가가 목적 달성의 실패에서 비롯한 괴로움이 어긋난 희망의 괴로움에 의해 증가하고, 그 결과로, 결국에는, 그 괴로움이 언제나, 항상, 가능한 한 최대의 목적 달성의 기쁨을 짓누를 것이다라고 주장한다면, 우리는 정반대의 경우가 있을 수 있다고 대답해야 한다. 그리고 욕망이 만족되지 못한 순간에도 과거 기쁨의 회상이 오히려 종종 불만족의 불쾌감을 완화시켜줄 것이라고 대답해야 한다. 누구든 자신의 희망이 산산이 부서지는 순간에는 "나는 내할 일을 다 했다."라고 소리칠 것이며, 이것이 내 주장을 입증한다. 모든 채워지지 않은 욕망을 만족의 기쁨이 사라진 것뿐 아니라 노력하는 기쁨마저 파괴됐다는 주장의 사례로 만들어버리는 이에게 자기 능력 안에서 최선을 다했다는 축복받은 느낌은 무시된다. 욕망의 만족은 즐거움을, 불만족은 괴로움을 야기한다. 그러나 우리는 이로부터 즐거움은 그저 욕망의 만족이고 괴로움은 불만족의 결과라고 추론할 수는 없다. 즐거움과 괴로움 모두 욕망의 결과와 상관없이 경험할 수 있다. 모든 병은 어떠한 욕망도 선행되지 않은 괴로움이다. 만약에 누군가가 병이란 건강에 대한 채워지지 않은 욕망이다라고 주장했다면, 그는 병에 걸리지 않으려는, 피할 수 없으며 무의식적인 바람을 긍정적 욕망으로 간주하는 오류를 범한 것이다. 만약 어떤 이가 존재조차 몰랐던 한 부유한 친척으로부터 유산을 물려받는다면, 사전에 무엇을 욕망하지 않았지만 즐거움을 느끼게 된다.

따라서 우리가 즐거움과 괴로움의 잔액을 확인하려 한다면, 그 계산 안에 즐거움을 위한 노력, 노력이 성취됐을 때의 즐거움 그리고 아무 노력 없이 생기는 즐거움 모두 고려해야 한다. 차변(借邊)에는 지루함의 불쾌감과 달성하지 못한 노력의 불쾌감, 마지막으로 우리의 노력이 없이도 일어나는 불쾌감을 입력해야 한다. 이 표의 마지막 행에 우리는 스스로 택하지 않은 우리에게 강요된 노동의 불쾌감도 추가해야 한다.

이것은 우리를 이어지는 질문으로 이끈다. 차변과 대변 사이의 균형을 유지하기 위한 올바른 방법은 무엇일까? 에두아르트 폰 하르트만은 이성이 공정하게 판정할 것이라고 주장한다. "괴로움과 즐거움은 오직 느껴지는 한에만 존재한다."라고 말한 그의 말은 진실이다. (『무의식의 철학』, 제7판 2권, 290쪽) 즐거움의 기준은 있을 수 없고, 오직 주관적 느낌이 기준이라는 결론이 나온다. 나는 유쾌함과 이에 대조되는 불쾌함의 총합이 내 즐거움과 괴로움의 대차대조표에서 어떤 잔액을 나타내는지 느껴보아야 한다. 그럼에도 불구하고 폰 하르트만은 "모든 존재의 삶의 가치는 오직 자기만의 주관적 측정으로만 정해질 수 있지만, 모든 존재는 대수적으로 정확한 삶의 모든 감정의 총합을 계산할 수 있다. 혹은 달리 말해서, 자신의 주관적 감정에 관한 삶의 견적서는 정확하다."라고 주장한다. 하지만 이는 감정의 합리적 견적서가 가치 기준의 자리에 놓이게 됨을 의미한다.

폰 하르트만이 이렇게 주장하는 이유는 정확한 삶의 가치평가를 위해서는 즐거움과 괴로움의 잔액을 판단하는 데 오류를 만드는 요소들을 제거해야 한다고 믿기 때문이다. 그는 이것을 두 가지 방법으로 시도했다. 첫째, 우리의 욕망(본능, 의지)은 감정-가치의 냉정한 평가에 방해가 되는 요소라는 점, 예를 들어 성적 즐거움이 악의 원천이라고 판단해야 하지만, 우리는 성적 본능이 우리에게 매우 강하다는 사실에 속아, 전혀 주장된 강도에서 일어나지 않는 즐거움을 경험하는 척한다. 우리는 우리 자신을 탐닉하는 것에 열중하고 있기 때문에, 그 방종이 우리를 고통스럽게 만든다는 것을 인정하지 않는다. 둘째, 폰 하르트만은 감정을 다음과 같은 비판의 대상으로 삼았다. 감정을 일으키는 대상은 우리의 이성으로 냉정히 검토할 때 환상임이 드러나고, 대상으로부터 일어났던 감정은 대상에 관해 서서히 일어나는 통찰이 그 환상을 꿰뚫어보는 순간 사라진다는 것이다.

그리고 폰 하르트만은 이 사안에 관해 다음과 같은 생각을 했다. 가령 어떤 야심만만한 이가 자기 삶의 즐거움 혹은 괴로움의 잉여가 정확이 얼마나 있는지 확인해보고자 한다. 그는 판단에 영향을 끼칠 만한 두 가지 오류의 원천을 제거해야 한다. 야심차다는 이 사람의 성격의 근본적 특징은 그에게 즐거움을 일으키는 자기의 공적 성취는 실제보다 크게 보이도록 하고, 퇴짜 맞은 경험에서 오는 모든 모욕감은 실제보다 작게 보이도록 만든다. 그가 퇴짜를 맞았을 때 그는 야심 찼기 때문에 모욕을 느꼈지만, 그 기억을 회상할 때는 그것이 한층 부드럽게 나타나는 반면, 그가 매우 민감하게 반응하는 즐거움의 인식은 훨씬 더 강렬한 인상을 남긴다. 부정할 수 없게도 야심찬 그에게 이와 같은 사실은 실제적 혜택을 준다. 왜냐하면, 이러한 속임수는 자기 분석의 순간에 괴로움을 줄여주기 때문이다. 하지만 그렇더라도 이것은 그의 판단을 조작한다. 그가 지금 베일을 통해 검토하는 고통은 사실 모든 강렬함 속에서 그가 경험했다. 이로부터 그는 자기 괴로움의 잘못된 가치평가 값을 대차대조표에 입력한다. 올바른 계산을 원한다면 그 야심찬 이는 평가의 순간, 자신의 야심을 한쪽에 제쳐두어야 한다. 그는 자기 이성의 눈앞에 놓인 왜곡된 안경을 벗고 자기의 과거 삶을 검토해야 한다. 그렇지 않으면 그는 장부의 많은 대변상의 항목에 자신의 사업에 대한 열의를 적어 넣는 상인과 비슷해진다.

그러나 폰 하르트만은 심지어 더 나아간다. 그는 야심에 찬 사람이 그 스스로에게 그가 그토록 원하는 대중의 인정이란 가질 만한 가치가 없음을 확실하게 해야만 한다고 말한다. 그 스스로에 의해서든지, 다른 사람들의 조언이 있건 간에, 그는 합리적인 사람들이 타인에 의한 인정에 어떠한 가치도 부여할 수 없다는 통찰을 얻어야만 한다. 그리고 "모든 문제에 있어서 발달상의 치명적 질문은 어떤 것인지, 또는 과학에 의해 확실하게 자리잡지 못한 것은 어떤 것"인지를 고려하면, "다수가 틀리고 소수가 맞을" 수 있음과 "자신의 삶에서 야망을 행동지침으로 삼는 사람은 누구든지 간에 삶의 행복을 너무나 오류를 범하기 쉬운 판단의 관대함에 맡긴다."는 것은 언제나 항상 명백하다.(『무의식의 철학』, 2권, 332쪽) 그 야심찬 이가 이것을 인정한다면, 야망의 성취에 따라오는 감정을 포함해 자신의 모든 성취를 환상으로 여길 수밖에 없다. 바로 이 점에서 폰 하르트만은 우리 삶의 가치를 나타내는 대차대조표에서 환상으로 보이는 즐거움의 감정을 지워야 한다고 말한 것이다. 그 후에 남는 것은 인생의 즐거움의 총합을 나타내고, 이 총합은 괴로움의 총합에 비해 너무도 작아서 삶은 즐거움이 아니며 존재하지 않는 편이 낫다.

야망의 본능을 방해하는 것이 즐거움의 균형을 맞춤에 있어 자기기만을 일으키고 이로 인해 잘못된 결과를 불러온다는 사실이 즉각적으로 명백함에도 불구하고, 우리는 즐거움이 동반된 대상들이 지닌 환상적 특성에 대해 언급한 폰 하르트만에 이의를 제기해야 한다. 삶의 대변에서 진짜든 추측이든 환상에 불과한 모든 즐거운 감정을 제거하는 것은 즐거움과 괴로움의 잔액을 적극적으로 위조할 것이다. 야심찬 이는 자신이나 타인이 대중의 환호 후에 그것이 환상임을 알아채더라도 그와 상관없이 그 환호를 진정으로 즐긴다. 즐거움이란 한 번 즐기게 되면 그렇게 알았다 해도 조금도 줄지 않는다. 결과적으로 삶의 대차대조표에서 이러한 모든 "환상적"인 감정의 제거는, 우리의 감정을 판단하는 데 있어서 더 정확해지는 것과는 거리가 있고 차라리, 실은 실제 있는 삶의 감정을 지울 뿐이다.

그러면 이 감정들을 왜 제거해야 할까? 그것은 바로 이 감정들이 환상으로 밝혀지는 대상들과 연결되어 있기 때문이다. 그렇지만 이는 삶의 가치가 즐거움의 양이 아닌 질에 달려 있으며, 그 즐거움은 그것을 야기하는 대상의 가치에 따라 달라짐을 뜻한다. 하지만 삶의 가치를 그것이 불러오는 즐거움이나 괴로움의 양만으로 결정한다면, 나는 즐거움의 긍정 혹은 부정적 가치를 결정하는 다른 무언가를 상정할 권리가 없다. 만일 내가 즐거움과 괴로움의 양 중 무엇이 큰지 측정하고자 한다면, 나는 그것이 환상인지 아닌지는 상관없이 즐거움과 괴로움의 실제 강도를 대차대조표 안에 반영해야 할 것이다. 만약 내가 환상에 기초한 즐거움을 이성의 재판소 앞에서 스스로 정당화할 수 있는 것보다 더 낮은 가치로 대변에 기입한다면, 나는 삶의 가치를 그저 즐거움의 양에 불과한 요소에 따라 달라지게 하는 것이다.

폰 하르트만처럼 즐거움이 가치 없는 대상에 수반될 때 그 가치를 낮게 평가하는 이는, 장난감 공장에서 상당한 수익을 창출하는 것은 그저 아이들의 놀잇감이므로 그것의 실제 가치의 4분의 1만큼만 장부에 기입하는 상인과 같다.

단순히 즐거움과 괴로움의 양을 재는 것이 중요하다면 우리는 환상적 특성을 갖는 즐거움의 대상을 장부에서 완전히 제외해야 한다. 폰 하르트만이 권하는 방법, 즉 삶이 만들어내는 즐거움과 괴로움의 양에 대한 논리적 비판은 우리가 계산을 위한 자료를 어떻게 얻는가, 즉 대변과 차변에 무엇을 입력할 것인가에 관해 가르쳐주었다. 그런데 우리는 어떻게 정확한 계산을 할 수 있나? 이성으로 수지 결산을 하는 것이 가능할까?

상인은 그가 운영을 하며 분명히 누렸거나 여전히 누릴 것이라 기대하는 이윤과 그가 계산한 수익이 맞지 않을 때 계산 오류를 범한다. 마찬가지로 철학자도 그가 계좌를 조작하여 얻게 된 즐거움이나 괴로움의 잉여를 실제 감정으로 보여주지 못하면 그의 평가에 어김없이 오류를 범한다.

나는 현재로서는 세계 가치의 평가를 이성의 호소로만 주장하는 염세주의자를 비난할 수가 없다. 그러나 우리가 삶이라는 사업을 계속할지 결정해야 한다면 우리는 우선 괴로움의 잔액이 어디서 발견되는지 보여달라고 요구할 것이다.

여기서 요점은 이성이 즐거움과 괴로움의 잉여를 직접 결정하는 자리가 아니라 삶 속에서 실제로 느낀 잉여를 보여주어야 하는 자리에 있다는 것이다. 왜냐하면, 인간은 개념만으로 실재를 달성할 수 없고 사고가 불러오는 개념과 지각(그리고 감정과 지각들)의 관통으로 달성할 수 있기 때문이다. 상인은 그의 회계사가 계산한 재화의 손실이 사실로 확인되면 사업을 정리할 것이다. 그러나 사실이 계산을 뒷받침하지 못하면 그는 회계사에게 다시 한 번 장부를 확인하게 한다. 이것이 바로 인간이 자신의 삶에서 하는 것이다. 만약 한 철학자가 그 상인에게 괴로움이 즐거움보다 훨씬 크지만 그렇게 느껴지지는 않는다는 것을 증명해 보이려 한다면 상인은 이렇게 답할 것이다. "당신은 이론을 제시하는 과정에서 실수를 범했소. 분석을 다시 해보시오." 그러나 만약 사업 손실이 너무 커서 회사의 신용으로 채무를 다 갚을 수 없는 상태가 되면 신중한 회계를 통해 상인이 자기 사업의 상태에 관해 아는 상황을 외면해도 파산이라는 결과가 따른다. 이와 비슷하게, 한 인간 삶의 괴로움의 양이 너무 커 미래의 즐거움에 대한 희망(신용)으로도 그 괴로움을 극복할 수 없을 정도라면, 인생 사업의 파산은 피할 수 없이 따른다.

삶을 용감하게 살아가는 사람의 수보다 자살을 하는 사람의 수는 상대적으로 적다. 극히 소수의 사람만이 괴로움 때문에 인생 사업을 포기한다. 그렇다면 무엇인가? 고통의 양이 기쁨의 양보다 크다고 말하는 것이 거짓이거나, 우리가 삶의 지속을 기쁨이나 고통을 느끼는 양에 의존하지 않는다는 것이다.

아주 신기한 방식으로 에두아르트 폰 하르트만의 염세주의는 삶은 괴로움이 더 크므로 가치가 없다고 결론 내리면서 동시에 삶을 지속할 필요를 단언한다. 이러한 필요성은 위에서 언급한 세계 목적(197쪽)이 인간의 끊임없는 헌신적인 노동에 의해서만 달성될 수 있다는 사실에 있다. 그러나 인간이 자신의 이기적 욕구를 쫓는 한 우리는 이 헌신적 노동에 부적합하다. 이기심이 추구하는 즐거움은 성취될 수 없음이, 우리의 경험과 이성으로 납득될 때까지 인간은 그들의 참된 과제로 나아가지 못한다. 이런 방식으로 염세적 확신이 이타심의 원천으로 제시된다. 염세주의에 바탕한 교육은 그 목적을 이룰 가능성이 없다는 확신을 주어 이기심을 몰살시킨다.

그렇다면 이 관점에서 즐거움의 추구는 근본적으로 인간 본성에 내재된 것이다. 오직 만족의 불가능함을 통찰해야만 이 즐거움의 추구는 인류의 더 높은 차원의 과제를 위해 물러날 수 있다.

하지만 삶에서 염세주의를 기반으로 시작하여 이타적인 목적에 헌신을 기대하는 이러한 윤리적 이론이, 그 말의 적절한 의미에서 실제로 이기주의를 극복할 것이라 말하기란 불가능하다. 도덕관념은 인간이 즐거움을 위한 이기적 노력에서 어떠한 만족도 얻을 수 없음을 알게 될 때까지 그들의 의지를 지배할 만큼 강하지 않다고 한다. 즐거움의 포도를 갈망하는 인간은 그것을 얻을 수 없기에 그 열매가 시다고 여기고 등을 돌려 자신을 이타적 삶에 헌신한다. 그리고 염세주의에 따르면 도덕관념은 이기주의를 극복하기에 너무 약한 것임에도 그들은 이기주의에 대한 절망이 비워준 그 땅에 그들의 왕국을 세운다.

만약 인간이 선천적으로 즐거움을 추구하지만 결코 그것을 얻을 수 없게 되어 있다면, 존재하지 않음을 통한 존재의 소멸과 구원만이 유일한 합리적 목적이다. 그리고 우리가 실제로 세계의 괴로움을 담고 있는 것은 신이라는 관점을 수용한다면, 인간의 과제는 신의 구원을 돕는 것으로 이루어진다. 자살은 이 목적을 달성하는 데 진전이 아닌 방해다. 신은 인간의 행위를 통해 자기 구원을 실현하기 위한 유일한 목적에서 인간을 창조했으며 그렇지 않다면 창조는 목적이 불분명한 것으로 여기는 것이 합리적이다. 우리 모두는 신의 구원을 위해 각자 주어진 정해진 과제를 수행해야 한다. 누군가 과제를 포기하고 자살을 하면, 그에게 주어진 과제를 다른 사람이 수행해야 한다. 누군가가 그를 대신하여 존재의 고통을 견뎌야 한다. 그리고 모든 존재의 기저에 궁극적 괴로움의 소지자는 신이므로 자살을 하여도 신의 괴로움은 조금도 덜어지지 않고 오히려 대체자를 찾아야 하는 어려움만 더해진다.

이 이론 전체는 삶의 가치 기준으로 즐거움을 상정한다. 그리고 이제 삶은 다양한 본능(욕구)으로 자기를 펼쳐 보인다. 삶의 가치가 괴로움보다 즐거움을 만드는 데 있다면, 본능은 주인에게 괴로움의 균형을 가져오므로 가치가 없다고 판단해야 한다. 이제 과연 본능이 즐거움으로 측정 가능한지 조사해보자. 우리가 삶을 오직 "지성의 귀족" 수준에서 고려한다는 의심을 받지 않기 위해서, 우리는 순수하게 동물적인 욕구, 배고픔에서 출발해야 할 것이다.

배고픔은 우리 장기에 신선한 음식 공급이 없어 유기체가 기능을 지속하기 어려울 때 일어난다. 배고픈 이가 원하는 것은 우선은 배고픔을 진정시키는 것이다. 배고픔이 멈추는 수준까지 영양분이 공급되는 순간, 이 식욕이 갈구하는 모든 것은 얻어진다. 포만감과 연결된 즐거움은 애초부터 배고픔이 야기하는 괴로움의 제거로 구성된다. 그러나 단순한 식욕에는 또 다른 욕구가 더해진다. 왜냐하면, 인간은 음식을 소비함으로써 단순히 장기 기능의 회복 혹은 배고픔에서 오는 괴로움의 제거뿐 아니라 여기에 즐길 만한 맛의 감각을 동반하고자 한다. 지금 누군가 배가 고프고 그가 즐겁게 기다리는 식사 시간까지

30분이 남았다면, 그는 배고픔을 빨리 달래기 위해 더 나은 음식이 가져올, 즐거움을 망칠 수 있는, 덜 맛있는 음식을 먹지는 않는다. 식사의 큰 즐거움을 맛보기 위해서 그는 배고픔이 필요하다. 따라서 그에게 배고픔은 동시에 즐거움의 원인이 된다. 만약 세상의 모든 배고픔이 채워질 수 있다면, 우리는 영양을 위한 갈망이 존재하는 덕분으로 여겨야 할, 기쁨의 총량을 얻어야 할 것이다. 우리는 미식가들이 그들의, 일반적인 수준을 넘어선, 미각 신경 감각을 계발함으로써 얻는 추가적인 기쁨을 보태야만 할 것이다.

만약 어떤 식으로든 이런 종류의 쾌락과 연결된 것 중 충족되지 않은 욕구가 남아 있지 않고, 특정 양의 고통의 거칢과 동시에 취하지는 않는 쾌락의 부드러움이 있다면, 이 쾌락의 양은 생각할 수 있는 최대치에 이를 것이다.

현대 과학은 자연이 유지 가능한 수보다 더 많은 개체를 생산하고 있다고 본다. 즉 자연은 충족시킬 수 있는 배고픔의 양보다 더 많은 배고픔을 생산한다. 따라서 과잉 생산된 생명들은 존재를 위한 투쟁에서 고통스러운 죽음을 선고받은 셈이다. 세계 과정의 모든 순간, 삶의 욕구가 그것을 만족시킬 방법보다 더 크고 삶의 즐거움이 그에 상응하여 줄어든다는 것을 인정하더라도, 그것 때문에 실제 일어나는 즐거움이 한 치도 감소하지는 않는다. 욕망하는 생명체나 그 동족 안에 만족하지 못한 많은 양의 본능이 있다 하더라도, 욕구가 만족될 때는 항상 그에 따른 즐거움의 양이 존재한다. 줄어든 것은 삶의 즐거움의 양이 아닌 "가치"다. 오직 살아 있는 생명체의 욕구 일부만 만족을 얻어도 그 생명체는 그에 상응하는 즐거움을 여전히 경험한다. 이 즐거움은 주어진 욕망의 집단 내에서 삶의 총수요에 불충분하기 때문에 비례적으로 가치가 떨어진다. 우리는 이 가치를 분수로 표현할 수 있는데, 그중 분자는 실제 경험한 즐거움이며 분모는 욕구의 총합이다. 분자와 분모의 값이 같으면 분수 값은 1이다. 즉 모든 욕구가 만족된다면 말이다. 한 생명체가 욕망한 것보다 더 큰 만족을 얻으면 분수 값은 1보다 크다. 즐거움의 양이 욕구의 총합보다 적으면 이 값은 1보다 작다. 이 분수 값은 분자가 아무리 작은 값을 갖더라도 값이 있는 한 0이 될 수는 없다. 한 사람이 죽기 직전 자신의 대차대조표를 정리하며 전체 삶 중 특정 본능(예: 배고픔)에 해당하는 양과 이 본능의 수요를 상상 속에서 배분해본다면, 그가 경험해온 전체 즐거움은 아주 작은 값을 가질 것이지만 결코 0일 수는 없다. 만약 즐거움의 양이 동일하다면 생명체의 수요가 늘어날 때마다 즐거움의 가치는 떨어진다. 이는 자연에서 생명체 전체로 보았을 때도 같다. 비례적으로 자기 본능을 완전히 만족할 수 있는 생명체의 수가 커지면 커질수록 삶의 즐거움의 가치 평균은 작아진다. 우리 본능의 형태로 우리에게 유리하게 그려지는 삶의 즐거움에 대한 수표는 우리가 그들의 완전한 액면가치로 그것들을 현금으로 바꾸기를 기대할 수 없으므로 비례적으로

점점 더 가치가 떨어진다. 나에게 사흘 동안 먹을 음식이 있는데 그 동안 먹을 수 없는 상황에 놓인다고 가정하더라도 실제 사흘 동안 먹을 때의 즐거움이 줄어들지는 않는다. 하지만 나는 이제 그 즐거움을 6일 동안 나누어 생각해야 하고, 이것은 내 음식 본능에 주어지는 "가치"를 반으로 줄어들게 한다. 내 욕구의 강도로 측정하는 즐거움의 양도 이와 같다. 내가 샌드위치 두 개를 먹을 만큼 배가 고프고 하나만 얻을 수 있다고 가정해보자면, 이 샌드위치를 먹는 것이 나의 배고픔을 가라앉혔을 때 얻을 수 있었던 가치의 절반밖에 되지 않는다. 이것이 우리가 삶에서 즐거움의 가치를 결정하는 방식이다. 우리는 그것을 삶의 필요에 따라 결정한다. 우리의 욕망은 척도를 만들어낸다. 즐거움은 그것으로 측정된다. 배고픔을 진정시키는 즐거움은 오직 배고픔이 존재하기에 가치가 있고, 배고픔의 강도에 따른 비율에 맞게 가치가 정해진다.

우리 삶에 실현되지 않은 요구는 자신의 그림자를 실현된 욕구 위에 드리우고, 그리하여 즐거워야 할 시간의 가치마저 손상시킨다. 하지만 우리는 눈앞에 있는 즐거움의 가치도 논해야 한다. 이 가치가 떨어질수록 즐거움은 기간의 비율에 따라 그리고 우리의 욕망의 강도에 따라 보잘것없어진다. 즐거움의 양은 욕망의 강도와 지속 시간에 정확히 일치할 때 최대치가 된다. 욕망한 것보다 즐거움의 양이 적을 때는 그 가치도 절하된다.

욕망한 것보다 많은 양의 즐거움은 즐거움의 과잉을 만들고 즐거움을 누리는 동안 우리는 그에 상응하여 욕망의 강도를 높일 수 있을 뿐이다. 우리가 증가시킨 즐거움의 양에 보조를 맞춰 욕망의 양을 늘릴 수 없다면, 그 즐거움은 불쾌함으로 변한다. 그렇지 않다면 우리를 만족시켰을 대상이, 예상 외로 우리를 공격하며, 우리를 고통스럽게 한다. 이것은 바로 즐거움이란 오직 즐거움을 측정할 수 있는 욕망이 있을 때만 가치 있음을 증명한다. 즐거운 느낌의 과잉은 괴로움이 된다. 이것은 특정한 종류의 즐거움을 아주 적은 양만 바라는 사람의 사례에서 관찰할 수 있다. 식욕이 둔해진 사람에게 먹는 행위는 쉽사리 메스꺼움을 유발한다. 이것은 또 한번 욕망이 즐거움의 가치의 척도임을 보여준다. 여기서 염세주의자는 충족되지 못한 식욕이 즐거움의 상실이란 괴로움뿐 아니라 이 세상에 적극적으로 질병, 고통, 비참함을 불러온다고 답할 수 있다. 또한, 그들은 음식에 대한 불안에 시달리는 이들의 말로 다할 수 없는 비참함과 이 불운한 이들에게 음식의 결핍이 간접적으로 불러오는 결과인 엄청난 양의 고통에 관한 확인을 호소한다. 그리고 이 주장을 인간이 아닌 자연으로까지 확대한다면, 그들은 특정 계절에 음식의 결핍으로 죽는 동물의 괴로움까지 들먹일 수 있다. 이 모든 악에 대하여 염세주의자는 식욕이 세계에 가져오는 즐거움보다 고통이 훨씬 크다고 주장한다.

우리가 상업적으로 이익과 손실을 결정하는 것처럼 즐거움과 괴로움을 상호 비교하고 두 가지 중 하나의 과잉을 계산해볼 수 있음은 분명하다. 그러나 만약 염세주의자가 괴로움의 측면이 과잉이라는 점에서 삶이 가치 없다고 추론한다면 그는 실제 삶에서는 절대 하지 않는 계산을 하는 실수를 범한 것이다.

어떤 경우에도 우리의 욕망은 특정 대상을 향한다. 즐거움 충족의 가치는 이미 본 대로 즐거움의 양이 욕망의 강도에 비해 상대적으로 클수록 더 크다.[여기서 우리는 과잉된 즐거움이 괴로움으로 변하는 경우는 고려하지 않는다.] 나아가 우리가 즐거움을 얻기 위해 기꺼이 감내하는 괴로움의 양이 얼마나 큰가에 따라서도 달라진다. 우리는 괴로움의 양을 즐거움의 양이 아니라 욕망의 강도와 비교한다. 먹는 데서 큰 즐거움을 얻는 사람은 음식에 대한 본능을 즐기지 않는 사람보다 먹을 때의 즐거움이라는 이유로 배고픈 기간을 더 수월하게 견딜 수 있을 것이다. 아이를 원하는 여성은 그 즐거움을 임신, 출산, 보육 등에서 생기는 괴로움의 양이 아니라 아이를 갖고 싶은 자신의 욕망과 비교할 것이다.

우리는 절대 특정한 즐거움의 목표치를 추상적으로 정하지 않으며 완벽하게 확정된 종류의 구체적인 만족으로 정한다. 우리가 분명한 대상 혹은 감각을 목표로 할 때, 즐거움의 양이 같다 하더라도 다른 대상이나 다른 감각이 주어지면 만족하지 못한다. 우리가 배고픔의 충족을 원할 때, 같은 수준의 훌륭한 즐거움일지라도 그것이 산책에서 오는 즐거움이라면 배고픔의 충족이라는 즐거움을 대체할 수는 없다. 만일 우리의 욕망이 아주 일반적으로 특정한 즐거움의 양을 위한 것이고 이 즐거움이 훨씬 더 큰 괴로움의 양을 대가로 얻을 수밖에 없는 것이라면 그 욕망은 즉시 죽어 없어질 것이다. 하지만 우리는 특정한 종류의 만족을 욕망하기에 즐거움의 실현이 견뎌야 할 더 큰 괴로움을 동반할 때도 기꺼이 그것을 경험한다. 살아 있는 존재의 본능은 확실한 방향성을 갖고 구체적 대상을 목표로 하며, 바로 이 이유에서 우리가 그 대상을 추구할 때 견뎌야 하는 괴로움의 양을 우리의 계산상에서 동등한 요소로 설정할 수 없다. 그 욕망이 고통을 극복한 후에도 어느 정도 존재감을 유지하기에 충분히 강렬하다면, 아무리 추상적으로 받아들여지는 고통이 크더라도 만족의 쾌감은 여전히 충분히 누릴 수 있을 것이다. 그러므로 욕망은 우리가 얻는 즐거움에 대한 괴로움의 양을 직접 고려하지는 않지만, 욕망의 강도에 (비례하는) 고통을 간접적으로 고려한다. 문제는 우리가 얻는 즐거움의 양이 괴로움에 비해 큰지가 아니라 우리가 목표하는 그 대상에 대한 욕망이 마주해야 하는 고통의 억제 효과보다 큰가 하는 것이다. 만약 억제가 욕망보다 크다면, 욕망은 피할 수 없는 상황을 따르고, 완화되고 실현하기 위한 분투를 멈춘다. 그러나 우리가 정해진 만족의 땅을 밟으려고 애쓰면서 우리가 얻는 쾌락은 일단 만족이 이루어지면, 그것이 우리 욕망의 강도를 감소시킨 한에서만 피할 수 없는 고통에 대한 계산을 가능하게 하는 중요성을 획득한다. 만약 내가 아름다운 풍경에 열정적인 애착을 갖는다면, 나는 결코 산 정상의 풍경이 주는 기쁨의 양과 고생스럽게 산을 오르내리는 수고를 직접적으로 비교하지 않으며 오히려 모든 난관을 극복한 후에 풍경을 향한 내 욕망이 여전히 충분히 강렬할 것인지를 숙고한다. 그러므로 즐거움과 괴로움은 오직 욕망의 강도를 통해서만 간접적으로 서로 상응할 수 있다. 따라서 질문은 즐거움 혹은 괴로움의 잉여가 있는지가 아니라 즐거움의 욕망이 괴로움을 극복할 만큼 강렬한가이다.

이 관점의 정확성은 어떤 즐거움이 내 다리에 툭 떨어진 선물처럼 그냥 생겨났을 때보다 엄청난 고통이란 대가를 지급하고 구했을 때 우리가 이 즐거움에 더 높은 가치를 부여한다는 사실로 입증된다. 고통과 번뇌가 우리의 욕망을 누그러뜨리지만 그럼에도 불구하고 어쨌든 우리의 목표를 이뤘을 때, 그 즐거움은 살아남은 욕망의 강도에 비례해서 커진다. 위에서 보여준 바로 그 비율의 크기가 즐거움의 가치를 대변한다. 추가 증거는 살아 있는 모든 생명체(인간을 포함한)는 본능을 억제하는 괴로움과 아픔을 견딜 수 있는 한 그들의 본능을 발전시켜간다는 사실에서 찾을 수 있다. 존재를 위한 사투는 이 사실의 결과일 뿐이다. 모든 살아 있는 생명체는 확장하기 위해 분투하고, 이 분투를 포기하는 것은 감당할 수 없는 규모의 어려움 때문에, 가진 모든 욕망이 질식된 존재들뿐이다. 모든 살아 있는 생명체는 완전한 음식의 결핍이 목숨을 앗아가기 전까지 음식을 찾는다. 사람 역시 맞건 틀렸건 추구할 가치가 있는 목표를 그의 생에서 이룰 수 없다고 생각하기 전까지는 자신에게 총구를 겨냥하지 않는다. 그는 추구할 가치가 있는 목표를 이룰 가능성이 있다고 믿는 동안은 어떤 괴로움과 비참함과도 싸울 것이다. 철학은 인간에게 노력이란 오직 즐거움이 괴로움보다 클 때만 합리적임을 설득해야 한다. 왜냐하면, 피할 수 없는 부수적인 괴로움이 얼마나 크든 간에 욕망하는 대상의 획득을 위해 노력하는 것이 인간의 본성이기 때문이다. 그러나 그러한 철학은 인간의 의지를 처음에는 전적으로 인간의 새로운 점에는 낯선 요인(통증에 대한 쾌락의 잉여)에 의존하게 만들 것이기 때문에 잘못될 것이다. 인간 의지의 본래 척도는 그의 욕망이고, 욕망은 가능성이 있는 한 발휘된다. 만약 내가 정해진 양의 사과를 사는데 상인이 재고를 없애기 위해 신선한 것보다 두 배 많은 수의 썩은 사과를 함께 사도록 강요한다고 치자. 나는 적은 양이지만 신선한 사과에 높은 가치를 두기에 사과 구매 비용에 추가로 썩은 사과를 운반하는 비용까지 견딜 준비가 되었다면 나쁜 사과들도 가져가기를 조금도 주저하지 않을 것이다. 이 사례는 특정 본능이 유발하는 즐거움과 고통의 양 사이의 관계를 잘 보여준다. 내가 좋은 사과의 가치를 매길 때 좋은 사과에서 나쁜 사과의 가치를 빼는 방식이 아니라 나쁜 사과의 존재에도 불구하고 여전히 좋은 사과에 가치를 매긴다.

좋은 사과의 즐거움을 계산할 때 나쁜 사과를 포함하지 않은 것처럼, 나는 피할 수 없는 괴로움을 떨쳐낸 후에는 욕망의 만족에 완전히 젖어들고 만다.

심지어 세상에는 즐거움보다 괴로움이 더 많다는 염세주의의 주장이 합당하다고 가정하더라도 살아 있는 존재는 남아 있는 즐거움을 여전히 추구하기 때문에 의지에는 어떤 영향도 미치지 않는다. 괴로움이 즐거움보다 크다는 실증적 증거는 삶의 가치를 즐거움의 초과로 보는 철학파의 무용함을 드러내기 위해 확실히 효과적이지만 의지가 비합리적임을 보이기 위해서는 그렇지 못하다. 왜냐하면, 의지는 즐거움의 초과가 아니라 그 양이 얼마가 되더라도 괴로움을 제하고 남은 즐거움의 양을 추구하기 때문이다. 이 남은 즐거움은 여전히 추구할 가치가 있는 것으로 보인다.

염세주의를 반박하기 위해 세상에 즐거움과 괴로움의 잉여를 계산하는 것은 불가능하다는 하나의 주장이 시도되었다. 모든 계산의 가능성은 계산해야 할 사물의 양을 비교할 수 있는 우리 존재의 능력에 따라 달라진다. 모든 즐거움과 괴로움에는 분명한 양(강도와 지속 시간)이 있다. 더욱이, 우리는 최소한 대략 그 강도에 있어 여러 종류의 즐거운 감정들을 비교할 수 있다. 우리는 고급 시가와 훌륭한 농담 중에 어디서 더 큰 즐거움을 얻는지 안다. 여러 즐거움과 괴로움의 강도에 대한 비교 가능성에는 반박이 있을 수 없다. 세상에 즐거움과 괴로움의 초과에 관해 밝히는 것을 과제로 삼은 사상가는 부정할 수 없이 타당한 전제에서 시작한다. 염세주의적 결과가 틀리다고 주장하는 것도 가능하지만 즐거움과 괴로움의 양을 과학적으로 측정할 수 있고 그렇게 해서 둘 중 하나의 초과를 밝혀낼 수 있음을 의심하는 것은 불가능하다. 그렇지만 이 계산에서 인간 의지에 관한 어떤 결론을 끌어낼 수 있다는 주장은 맞지 않다. 우리가 정말로 우리 활동의 가치를 즐거움이나 고통이 잉여를 나타내는지에 따라 달라지는 경우는, 우리의 활동이 지향되는 대상이 우리에게 무관심한 경우들이다. 하루의 일을 마친 후 자신을 즐겁게 하려고 게임을 할지 혹은 가벼운 대화를 할지 고민을 하는데 나를 즐겁게만 한다면 내가 무엇을 하든 스스로 무관심하다면 나는 나에게 가장 큰 즐거움의 잉여를 주는 것이 무엇인지 자문할 것이다. 그리고 만약 저울이 불쾌함 쪽으로 기운다면 나는 그 활동을 포기할 것이다. 아이에게 장남감을 사줄 때도 우리는 선택에 있어 그 아이에게 무엇이 가장 큰 즐거움을 줄지 고려하지만, 다른 모든 경우 우리는 오로지 즐거움의 균형만으로 결정을 내리지는 않는다.

그러므로 염세주의 사상가가 삶에 즐거움보다 훨씬 큰 양의 괴로움이 존재함을 입증함으로써 문명화의 사역에 이타적 헌신을 할 기반을 준비한다고 생각한다면, 그들은 인간 의지가 이러한 앎에 의해 영향받을 수 없게 되어 있다는 점을 완전히 잊은 것이다. 인간의 모든 분투는 모든 어려움을 극복한 후 얻을 수 있는 가능한 최대한의 만족을 향한다. 이러한 만족의 희망은 모든 인간 행위의 바탕이다. 모든 개인과 문명 전체의 성취는 이 희망에 뿌리를 둔다. 염세주의 윤리 이론은 인간이 적절한 도덕적 과제에 자기를 헌신하도록 즐거움의 추구를 불가능한 것으로 나타낼 필요가 있다고 여긴다. 그러나 이러한 도덕적 과제는 실제적인, 자연적이고 영적인, 본능일 뿐이다. 그리고 인간은 모든 부수적인 고통에도 불구하고 이러한 것들을 충족시키고자 노력한다. 그러니까 염세주의가 근절하고자 하는 즐거움의 추구는 어디에서도 찾을 수 없다. 그러나 인간이 수행하고자 하는 과제는 인간이 수행해낸다. 왜냐하면, 바로 인간의 본성은 과제를 수행하도록 의지하게 되어 있기 때문이다. 염세주의 윤리 체계는 인간이 즐거움의 욕망을 포기하기 전에는 스스로 삶의 과제라 인식하는 것에 자기를 헌신할 수 없다고 주장한다. 그러나 어떤 윤리 체계도 인간의 욕망이 요구하는 만족과 인간의 도덕적 관념의 실현이 아닌 과제를 고안해낼 수는 없다. 어떤 윤리 이론도 인간의 욕망이 실현됐을 때 경험하는 즐거움을 빼앗아갈 수 없다. 염세주의자가 "즐거움은 얻을 수 없으므로 그것을 쫓지 마십시오. 대신 자신의 과제라 인식되는 것을 추구하십시오."라고 말할 때 우리는 자신의 일을 하려고 노력하는 것은 인간의 본성이며, 철학이 인간의 즐거움만을 위해 노력하는 원칙을 발명한다면 잘못된 것이라고 말해야만 한다. 그는 본성이 요구하는 바의 만족을 목표로 하고 있으며, 이 만족의 성취는 그에게 기쁨이다. 염세주의적 윤리는 우리가 즐거움이 아니라 자기의 과제를 인식한 후 이를 추구해야 한다고 요구하면서 인간이 자기 본성의 덕목으로 의지하는 바로 그것에 삿대질을 한다. 철학에 의해 인간이 환골탈태할 필요는 없고 도덕적이 되기 위해 자기 본성을 버릴 필요도 없다. 도덕은 어떤 목적을 이루기 위한 괴로움이 그것에 대한 욕망을 완전히 억제하지 않는 동안에 그것을 이루려 분투하는 것을 의미한다. 그리고 그것이 진정한 의지의 핵심이다. 윤리는 모든 즐거움의 욕망을 뿌리 뽑는 것에서 성립하지 않는다. 피도 눈물도 없는 도덕관념은 즐거움에 대한 강한 욕구가 그들의 앞을 가로막지 않는 곳에 그들의 규칙을 세울지도 모른다. 그러나 목적 달성을 위한 길이 가시밭길이라 할지라도 그것을 달성해내는 것은 강한 의지다.

도덕관념은 인간의 도덕적 상상력에 뿌리를 둔다. 도덕관념의 실현은 괴로움과 고난을 이겨낼 만큼 그것을 강렬하게 욕망하는가에 달려 있다. 그것은 바로 인간 자신의 직관이다. 그 안에서 인간의 영은 스스로 행동하도록 대비한다. 도덕관념의 실현은 인간에게 가장 높은 차원의 즐거움이므로 인간은 그것을 의지한다. 인간에게 즐거움의 추구를 금지하고 무엇을 추구해야 하는지 규정하는 윤리 이론은 필요치 않다. 그에게 모든 저항을 극복할 힘인 직관을 고무시키는 충분히 활동적인 도덕적 상상력이 있다면 인간은 스스로 도덕적 이상을 추구할 것이다.

인간이 숭고하고 훌륭한 이상을 추구한다면 그것이 자기 의지의
내용이기 때문이며, 낮은 수준의 영이 흔한 욕구의 만족에서 끌어내
는 즐거움은 이에 비하면 아무것도 아니기 때문이다.

누군가 인간이 욕구 실현의 즐거움을 근절하기를 원한다면 먼저
인간을 의지로 행위하는 존재가 아닌 의무로 행위를 해야 하는 노예
로 전락시켜야 한다. 왜냐하면, 목적의 달성은 즐거움을 주기 때문이
다. 우리가 선이라 부르는 것은 인간이 반드시 해야 하는 것이 아닌
우리 인간의 본성을 충만하게 펼쳤을 때 하고자 의지하는 것이다. 이
를 인정하지 않는 사람은 인간에게서 의지의 대상을 박탈해야 하고,
그 후 인간에게 외부에서 주어지는 자기 의지의 내용을 규정해주어야
한다.

인간은 욕망의 충족을 중요하게 여긴다. 그것은 바로 그 욕망이 자기
본성에서 샘솟기 때문이다. 그가 얻는 것은 자기 의지의 대상이기에 소
중하다. 만약 인간이 의지하는 대상의 가치를 부정한다면 우리는 인간
이 의지하지 않는 대상에서 가치 있는 목적을 찾아야 할 것이다.

그렇다면 염세주의에서 확립한 하나의 윤리 체계는 인간의 도덕적
상상력에 대한 무시에 근거한 것이다. 그 노력의 내용을 스스로 결정

할 수 있는 개별 인간의 마음을 고려하지 않는 사람만이 즐거움에 대한 갈망에서 의지의 총합과 실체를 찾을 수 있다. 상상력이 없는 이는 자신의 도덕관념을 창조할 수 없고 외부에서 전달받아야만 한다. 물리적 자연은 인간이 낮은 수준의 욕망 충족을 추구하게 한다. 하지만 전체 인류의 발전을 위해 영에 기원을 둔 욕망 역시 완전히 필연적이다. 인간은 영적 욕망을 갖지 않는다고 믿는 사람만이 그것을 외부로부터 인간에게 전달해야 한다고 주장한다. 그 관점에서는 인간이 의지하지 않는 것을 하는 것이 인간의 의무라고 말하는 것 역시 옳을 것이다. 인간이 스스로 의지하지 않은 과제를 실현하기 위해 자신의 의지를 억압하도록 요구하는 모든 윤리 체계는 인류 전체가 아닌, 영적 욕망의 능력이 없어 성장이 저해된 존재만을 대상으로 한다. 조화롭게 발달된 사람에게는 이른바 선의 관념이 그의 의지 밖이 아닌 안에 놓여 있다. 도덕 행위는 한 개인 의지의 근절이 아닌 인간 본성의 최대 발전으로 이루어진다. 인간이 자기 의지를 파괴하는 조건에서만 도덕적 이상을 획득 가능한 것으로 여기는 것은, 이 이상이 이른바 동물적 본능의 충족만큼이나 인간의 의지에 뿌리를 둔다는 사실을 무시하는 것이다.

여기서 개략적으로 서술한 관점들이 쉽사리 오해받을 수 있음은 부정할 수 없다. 아무런 도덕적 상상력이 없는 미숙한 청소년은 절반만 개발된 자기 본성의 본능을 완전한 인간성의 실체로 간주하고, 자기가 고안하지 않은 모든 도덕적 관념은 구속 없이 "자신의 뜻대로 살겠다."라며 거부한다. 그러나 온전히 성숙한 인간에게 적용할 이론을 절반만 개발된 소년에게 적용할 수 없음은 말할 필요도 없다. 여전히 자신의 도덕적 본성이 저차원적 열정의 껍질을 깨고 나오는 지점까지 교육의 필요가 있는 사람은 성숙한 인간과 같은 잣대로 평가될 수 없다. 그러나 내 의도는 미숙한 청년이 무엇을 교육받아야 하는지를 설명하는 것이 아니라, 성숙한 인간의 핵심적 본성에 관한 것이다.

모든 성숙한 인간은 자기만의 가치를 만드는 이다. 그는 자연의 일부나 창조주의 은혜의 선물로서 자신에게 오는 즐거움을 목표로 하지 않으며, 즐거움에 대한 욕망을 버린 후에 그가 의무로 인정하는 것을 위해 살지도 않는다. 그는 의지하는 대로, 즉 그의 도덕적 직관에 따라 행위한다. 그리고 그는 자신이 의지하는 바가 성취되었을 때 진정한 삶의 기쁨을 얻는다. 그는 목적한 바의 성취를 기준으로 삶의 가치를 측정한다. "의무"를 "의지"의 자리에 두는 윤리적 시스템은 일관되게 의무의 요구와 그의 실제 성취 사이의 비율로 인간의 가치를 결정한다. 그것은 인간 자신의 본성이 아닌 외부의 것을 인간에게 적용하는 것이다. 여기서 내가 전개한 견해는 인간을 자기 자신에게로 돌린다. 그것은 각 개인이 인생의 참된 가치란 자기 의지의 척도로 그렇게 여기는 것 외에는 아무것도 아니란 점을 아는 것이다. 내 견해로는,

개인이 인식하지 못하는 삶의 가치는 이처럼 인식된 가치에서 비롯되지 않는 삶의 목적이며 전혀 인정될 수 없다. 이 관점에서 나는 한 개인이 자신의 주인이며 자기 가치의 평가자라고 여긴다.

15

개인과 집단혼

인간은 완전히 스스로 완성되고 자유로운 개인이라는 견해는 인간이 자연 전체(인종, 부족, 나라, 가족, 남성 혹은 여성)의 한 구성원으로 보이고 전체(국가, 교회 등) 안에서 행위한다는 사실과 분명히 상충한다. 인간은 자기가 속한 공동체의 일반적 특성을 보이고 사회 전체에서 그가 차지하는 위치에 의해 규정된 내용을 행위한다.

그렇다면 도대체 이 존재에게는 어떤 개인성이 남아 있는가? 인간은 전체에서 자라며 전체의 구성원으로 적합하다는 사실을 생각할 때 우리는 인간을 그 자체로 전체로서 간주할 수 있는가?

전체에 속한 구성원의 특성과 기능은 그 전체가 규정한다. 하나의 부족은 전체이며 부족의 모든 구성원은 부족의 성격에 따라 정해지는 고유한 특징을 보인다. 개별 구성원의 성격과 활동은 그 부족의 성격에 따라 결정된다. 이런 이유로 개인의 생김새와 행동은 무언가 일반적인 것이 있다. 우리가 왜 이것은 이렇고 저것은 저러한 것인지 물을 때 우리는 한 개인의 집단적 일반성을 참고하여 질문하는 것이다. 그 일반성은 한 개인의 어떤 것이 왜 우리가 관찰한 형태로 나타나는지 설명할 수 있다.

그러나 인간은 이러한 집단적 일반성에서 자신을 해방시킨다. 그는 자질과 활동을 발전시킨다. 그 이유는 오직 자기 자신에서만 찾을 수 있다. 집단적 일반성의 요소는 오직 인간 개인의 본성을 개발할 목적의 수단으로만 사용된다. 인간은 자연이 재료에 부여한 특성을 이용하여 자신의 개인성을 표현하는 형태를 만든다. 우리는 인간의 개인성이라는 표현의 근거를 헛되게도 집단혼의 법칙에서 찾는다. 우리는 여기서 오직 자신을 통해서만 설명할 수 있는 개인을 다룬다. 만약 한 사람이 자기 안의 집단혼적 특징에서 벗어나는 지점에 이르렀으나 여전히 우리가 그의 집단혼적 특징을 참조하여 그 사람의 모든 자질을 설명하려 한다면, 우리는 개인성을 이해하는 하나의 기관(器官)이 부족한 것이다.

한 인간 존재를 이해할 때 그의 집단혼적 개념을 근거로 판단한다면 그 존재를 완전히 이해하는 것은 불가능하다. 집단혼적 일반화에 근거해 판단하는 경향은 성별 간의 차이가 연관된 경우 가장 강하다.

거의 언제나 남성은 여성에게, 여성은 남성에게 자신과 다른 성별에 관한 집단적 일반성은 지나치게 많이 보고 개별성은 지나치게 적게 본다. 이러한 시각이 실제 삶에 불러오는 피해는 남성보다 여성에게서 더 크다. 여성의 사회적 지위는 대부분 여성 개개인의 특성에 의해 결정되는 것이 아니라 여성의 자연적 기능과 필요성에 관한 현재 일반적인 생각에 의해 결정되기 때문에 매우 낮다. 한 남성의 삶에서 그의 활동은 자신의 능력과 성향으로 결정되는 반면 여성의 활동은 그녀가 그저 여자라는 사실 하나로 결정되기 마련이다. 여성은 그 집단적 일반성, 여성성에 관한 집단혼적 관념의 노예가 된다. 여성의 '자연적 성벽(性癖)'으로 여성이 이것, 저것, 또는 다른 직업에 적합한지에 대해 남성들이 논쟁을 벌이는 한, '여성의 문제'는 결코 초보적 단계를 넘어서지 못할 것이다. 차라리 여성의 본성에 내재된 추구 대상은 여성 스스로 결정하도록 두는 것이 낫다. 여성들이 현재 그들의 것으로 보이는 직업에만 적합하다는 것이 사실이라면 여성들이 다른 어떤 것을 얻어내는 일은 거의 없을 것이다. 하지만 여성 자신에게 무엇이 가장 적합한지 스스로 결정하도록 허용되어야만 한다. 우리 사회구조의 격변을 두려워하는 모든 이에게, 여성은 그들의 성의 표본이 아니라 개인으로 취급되어야만 하며 우리는 인류 절반의 지위가 인간으로서 가치가 없는 사회구조라면 그 자체로 크게 개선될 필요가 있다고 답할 뿐이다.

인간 존재를 그들의 집단혼적 특성으로 판단하는 이는 자신의 행위를 자유로운 자기 결정에 놓기 시작하는 지점 직전에서 그치게 된다. 이 지점에서 부족한 것이 자연스럽게 과학적 연구의 대상이 된다. 그렇게 해서 인종, 부족, 국가, 성별은 특수과학의 주제가 된다. 자기 집단의 한 표본에 불과한 사람만이 이 과학의 수단이 만들어낸 집단의 일반적 그림 안에 끼워 맞춰질 수 있다. 그러나 이 과학이 개별 개인의 고유한 특성을 얻어내기까지는 불가능하다. 자유(사고와 행위)가 시작하는 영역에서 한 개인을 그의 집단혼의 법칙으로 확정할 수 있는 가능성은 중단된다. 인간 사고 행위를 통한 개념의 내용은 실재를 완전히 자기의 것으로 만들기 위해 지각과 연결되어야 하고, 그것은 누군가에 의해 영원히 고정되거나 인류의 후손에게 기성품처럼 전해질 수 있는 것이 아니다. 개인은 그의 개념을 반드시 자신의 직관을 통해 얻어야 한다. 한 개인이 어떻게 사고해야 하는지를 어떤 집단혼의 개념에서 끌어내는 것은 불가능하다. 그것은 오직 그리고 유일하게 개인 자신을 통해서만 가능하다. 다시 말하지만 인간 본성의 보편적 특징을 바탕으로 어떤 개인이 자기 앞의 구체적 목적을 설정하는 것은 불가능하다. 특정 개인을 이해하고자 하는 사람은 그가 다른 이와 공유하는 특징들에서 멈출 것이 아니라 반드시 그 존재의 가장 내밀한 핵심까지 뚫고 들어가야 한다. 이러한 의미에서 모든 한명 한명의 인간 존재는 하나의 문제다. 그리고 추상적인 생각과 일반적인 개념만을 다루는 모든 과학은 인간 개인이 세상을 보는 그의 방식을 우리에게 전달할 때 우리가 얻는 종류의 지식과 우리 각자가 자기 의지의 내용으로부터 얻는 다른 지식을 위한 준비일 뿐이다. 여기서 우리가 자신의 사고를 일반적인 모든 것들로부터 해방시키고, 그의 의지는 그와 같은 종류의 전형적인 틀로부터 해방된 한 사람을 다루고 있다고 느끼는 곳이라면, 우리가 그의 본성을 이해하려면 우리 자신이 만든 어떤 개념도 불러들이는 것을 중단해야 한다. 앎은 사고와 지각의 조합으로 구성된다. 다른 모든 대상에 관해서는 관찰하는 이가 자신의 직관으로 그 개념을 쌓아야 한다. 그런데 만약 문제가 한 자유로운 개인성을 이해하는 것이라면 우리는 그 개인이 온전히 자기만의 형태로 자신에 관해 밝힌 그 개념들을 (혼합 없이) 우리 자신의 의식 속에 가져와야 한다. 다른 사람에 관한 판단에 자신의 생각을 섞는 이는 결코 한 개인성에 관한 이해를 얻지 못한다. 자유로운 개인이 집단혼의 특성으로부터 자신을 해방하는 것처럼 한 개인에 관한 우리의 앎역시 우리가 집단혼을 이해하는 방식으로부터 자유로워져야 한다.

인간은 위에서 우리가 명시한 방식으로 모든 집단혼에서부터 자신을 해방한 정도까지만 인간 공동체에서 자유로운 영으로 간주할 수 있다. 누구도 완전히 집단혼만으로 이뤄져 있지 않고, 어떤 것도 온전히 개인성만 있지 않다. 모든 인간은 동물 삶의 일반적 특징과 자기를 독재적으로 통치하는 인간 권위의 법칙으로부터 자기 존재의 크고 작은 부분을 점진적으로 해방해간다.

인간이 자유를 쟁취할 수 없는 자기 본성 부분에 있어, 인간은 자연과 영적 유기체의 한 구성원을 형성한다. 이 점에 있어 인간은 타인의 모방 혹은 그들의 명령에 순응하여 살아간다. 그러나 윤리적 가치는 그의 직관에서 생겨나는 자기 행위 부분에만 속한다. 이것은 이미 존재하는 도덕관념의 총계에 대한 그의 공헌이다. 그러한 윤리적 직관 속에서 인간의 모든 도덕적 활동은 그 뿌리를 가지고 있다. 다르게 말하자면, 인류의 도덕적 삶은 자유로운 개인들이 만든 도덕적 창의력의 총합이다. 이것이 일원론의 신앙고백이다. 일원론은 도덕적 삶의 역사를 인류에게 행해진 초월적 신의 교육이 아니라 도덕적 상상력에서 샘솟은 모든 개념과 관념을 실제 삶에서 점차 실행해나간 것으로 본다.

ULTIMATE QUESTIONS

일원론은 하나의 관념이 인간의 행위를 통해 실현되는 근거를 오로지 인간 자신에서만 찾는다. 한 관념이 행동으로 이어지려면 그것이 일어나기 전 반드시 인간이 그것을 의지해야 한다. 따라서 그러한 의지는 오직 인간 자신 안에만 근거한다. 이 점에서 인간은 자기 행위의 궁극적 결정자다. 인간은 자유롭다.

궁극적 문제들

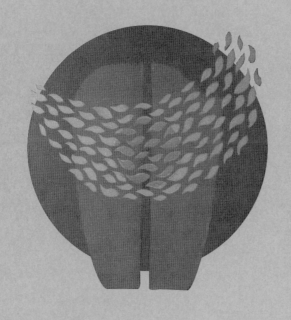

16

일원론의 결과들

하나의 원리에 근거한 자연의 설명 혹은 달리 말해 일원론은 세계를 설명하는 데 필요한 모든 재료를 인간의 경험에서 끌어낸다. 같은 방식으로, 일원론은 행위의 원천을 관찰의 세계, 즉 우리의 자기관찰을 통해 접근할 수 있는 자연 안의 인간적 부분 그리고 특별히 도덕적 상상에서 찾는다. 일원론은 우리가 지각하고 사고하는 세계의 궁극적 근거를 외부에서 찾지 않는다. 일원론에서 다양한 지각의 복합에 사색적 관조가 더해진 통합은 인간의 앎에 대한 욕구를 충분히 만족하게 하는 바로 그 통합과 같은 것이다. 이것 너머의 통합을 찾는 이는 앎의 본능이 요구하는 것과 사고의 결과들이 일치함을 지각하지 못했음을 보여줄 뿐이다. 한 인간 개인은 우주에서 잘려나간 존재가 아니다. 그는 우주의 일부며 우주 전체와의 연결은 현실이 아니라 우리의 지각에서만 깨졌다. 처음에 우리는 우주의 근원적인 힘이 우리 삶의 바퀴를 계속 돌리는 끈과 밧줄을 지각하지 못하기 때문에 우주의 인간 부분을 자존(自存)적인 것으로 파악한다.

지각에 근거하는 관점을 지닌 모든 이들은 전체의 특정 부분을 마치 정말로 독립된 자존(子存)적 사물, 즉 신비스러운 방식의 지각 너머에 대한 앎을 획득하는 단자(monad, 單子)로 여긴다. 그러나 일원론은 사고가 우리의 지각들을 개념 세계의 그물망 안으로 연결해 넣지 않는 한에서만 이 독립성을 믿을 수 있음을 증명했다. 사고가 그 역할을 다하지 않는 순간, 모든 부분적 존재, 모든 고립된 존재는 그 자신을 지각에 기인한 외양에 불과한 것으로 드러내고야 만다. 자족적 총체인 존재는 곧 전체인 우주라고만 선언될 수 있다. 사고는 지각에 기인한 외양을 부숴버리고, 우리 개인적 존재에게 우주적 삶의 한 자리를 마련해준다. 모든 객관적인 지각들을 포함하는 합일된 개념적 세계는 또한 그 자신 안에 우리의 주관적 개인성을 포함할 여지도 지니고 있다. 사고는 우리에게 자기 충족적 합일체로서 실재의 진정한 체계를 부여해주는 반면, 지각의 다양성은 단지 우리 조직에 의해 조건화된 외양만을 제공해준다. 과학은 자연법칙을 통해 분절되어 보이는 우리 지각의 상호관계를 따라가며 하나의 통합을 이해하려고 노력한다. 하지만 인간의 사고로 발견한 상호 연관성은 오직 주관적 근거만 있다는 편견 때문에 사상가들은 진실한 통일체의 바탕을 우리 경험을 초월하는 어떤 대상에서 찾아왔다.(신, 의지, 절대정신 등) 이 편견에 기초해, 인간은 경험 안의 상호 연관성에 대한 앎에 더해, 실증적 상호 연관성과 경험 너머에 있는 실재 사이의 연결을 드러낼 이차적 앎을(형이상학) 얻고자 노력해왔다. 논리적 사고에 의해 우리가 세상의 접점을 이해하게 된 이유는, 근원적인 창조자가 논리적인 법칙에 따라 세계를 구축해왔기 때문이라고 생각되었고, 이와 유사하게 우리의 행동의 근거는 이 독창적인 존재의 의지에 있다고 생각되었다. 이것은 사고가 주관적·객관적인 것을 한꺼번에 아우르고 통합된 전체 실재를 우리에게 알려준다는 점을 간과했다. 우리가 모든 지각에 스며들어 밝혀내는 그 법칙들을 개념의 추상 형태 안에서만 바라보는 한, 우리는 정말 순수하게 주관적인 것만 다루게 된다. 그러나 이 주관성은 사고가 지각에 더해 만든 개념의 내용에 포함되지 않는다. 이 내용은 주체가 아닌 현실에서 취했기 때문이다. 그것은 지각이 접근할 수 없는 현실의 어떤 부분이다. 이것은 경험이지만 지각에서 오는 종류의 것이 아니다. 개념이 현실적임을 모르는 이의 마음속에, 개념이란 고정하고 분리하는 추상적 형태만 있다. 그러나 이렇게 고립된 개념은, 지각이 그러하듯 오로지 우리 유기체에 의존한다. 내가 그 독존적으로 분리시켜 지각한 나무는 존재하지 않는다. 나무는 오직 어마어마한 자연 구조 전체의 한 구성원으로서, 자연과의 실질적 연결 안에서만 존재할 수 있다. 거기서 온 하나의 추상적 개념은 그것만으로는 단독으로 얻어진 지각처럼 실재를 담고 있지 않다. 지각은 현실에서 대상적으로 주어진 부분이며 개념은(직관을 통해) 현실에서 주체적으로 주어진 부분이다. 우리 의식 구조는 현실을 이 두 가지 요소로 나

자유의 철학
The Philosophy of Freedom

눈다. 하나는 지각으로 포착된 것 그리고 다른 하나는 직관으로 포착된 것이다. 법칙에 따라 우주 안에 자리잡은 지각으로 구성된 이 둘의 결합만이 그 완전한 의미에서 실재다. 우리가 단지 지각만 한다면 실재는 없고 단절된 혼돈만 있을 뿐이다. 우리가 자체적으로 지각을 규정하는 법칙들만을 지닌다면 우리에게는 오직 추상적 개념만 남는다. 실재는 추상적 개념에서 발견되지 않는다. 실재는 개념만도, 지각만도 아닌 둘의 결합이라 간주하는 사고의 관조 행위에서 드러난다.

가장 정통파 관념론자도 우리가 (실존으로서 뿌리내린) 현실 세계에 산다는 것을 부정하지 못할 것이다. 그러나 관념을 통한 앎이 우리가 사는 그 현실을 파악하게 한다는 것은 부정할 것이다. 이와 반대로 일원론은 사고가 주관적이지도 객관적이지도 않으며 이 현실의 양면을 함께 떠받치고 있는 하나의 원리임을 보여준다. 사색적인 사고 행위는 그 자체가 실제 사건의 순서에 속하는 인지 과정이다. 우리는 추상적 개념적 가설(순전한 개념적 추론)로서가 아니라 우리 지각에 적합한, 우리가 살고 있는 현실 안에 있는 개념을 찾아냄으로써만 현실의 본성을 깨달을 수 있다. 일원론은 알 수 없는 어떤 것(경험을 초월하는 것)으로 경험을 보완하려 하지 않고 개념과 지각에서 현실을 발견한다. 일원론은 개념을 현실의 한 면으로 보기 때문에 순수한 개념만의 형이상학적 체계를 지어내지 않는다. 즉, 지각에서는 숨겨진 이 한쪽 면이 지각과의 통합 없이는 무의미하기 때문이다. 그러나 일원론은 인간에게 우리는 더 높은 차원의 실재를 찾을 필요가 없고, 실재 세계 안에 살고 있다는 확신을 준다. 실재는 바로 우리의 경험 안에 있음을 알기에 '완전한 실재(Absolute Reality)'를 우리 경험 밖에서 찾기를 거부한다. 일원론은 우리의 사고가 다른 것을 가리키지 않기 때문에 그 실재에 만족한다. 이원론이 경험 밖에서 찾으려는 것을 일원론은 이 세계 자체 안에서 찾는다. 일원론은 앎이 그저 주관적 표상이 아닌, 현실의 본질을 이해시킨다는 사실을 알려준다. 일원론은 모든 사람이 가지는 세계의 개념적 내용이 일치함을 보여준다.(115쪽 참조) 일원론의 원리에 따르면, 모든 인간 개인은 자신을 표현하는 세계 내용이 같기 때문에, 다른 개인을 자신과 닮은 존재로 간주한다. 하나의 개념 세계에서는 '사자'라는 생각을 형성하는 개인만큼 많은 '사자' 개념이 있는 것이 아니라 한 가지만 존재한다. 그리고 A가 "사자"라는 지각에 더하는 개념은 각각의 경우 다른 지각 주체에 의해 파악되는 경우를 제외하고는 B가 더하는 개념과 똑같다.(115쪽 참조) 사고는 모든 지각 주체들이 모든 다양성에서 그들 모두에게 공통된 관념적 통합으로 나아가게 이끈다. 오직 하나의 관념 세계가 있지만, 그것은 다수의 개인처럼 인간 주체에서 자신을 실현한다. 인간이 자기-관찰을 통해 자기를 파악하는 한, 자신을 특정 존재로 간주하지만, 어느새 그 안에 있는 모든 특정 존재를 아우르며 빛나는 이상 세계를 의식한다. 이 순간 그는 '완전한 실재'가 자기 안에 살고 있음을 안다. 이원론은 모든 인간 안에 스며들어 사는 존재로서 '신적 존재(Divine Being)'를 상정한다. 일원론은 이 우주적 '신성의 삶(Divine Life)'을 '실재(Reality)' 그 자체에서 찾는다. 다른 주체의 관념 내용은 또한 나의 내용이며 내가 지각하는 동안은 내용을 다르게 인지하지만, 사고하는 동안은 더는 그렇지 않다. 모든 인간은 각자의 사고 안에 전체 관념 세계의 일부를 끌어안고 이때는 개인들 역시 각자의 사고 내용에 의해 서로 구분된다. 그러나 이 내용은 모든 인간이 사고한 내용으로 구성되는 스스로 온전히 존재하는 전체 안에 속한다. 따라서 모든 인간은 그가 사고하는 한 모든 이에 스며들어 있는 보편적 '실재'를 쉬고 있다. 한 사람의 삶을 그러한 사고 내용으로 채우기 위해서는 '실재' 안에 살아야 한다. 이 세상 너머에 관한 생각은 이 세계의 바탕이 이 세계에 있을 수 없다고 믿는 이들의 오해에 기원한다. 그들은 그들이 요구하는 지각 세계에 대한 설명이 사고를 통해 발견될 수 있음을 이해하지 못한다. 이것이 바로 그들이 우리에게 주어진 실재에서 가져올 수 있는 어떠한 내용도 전혀 짐작해내지 못한 이유다. 인격화된 신은 이 세상 너머의 세계로 이주한 인간일 뿐이다. 쇼펜하우어의 의지는 절대화된 인간의 의지다. 하르트만의 무의식은 관념과 의지로 구성되며 경험에서 추출한 두 추상의 조합이다. 다른 모든 초월적 원리들도 똑같다.

진실은 바로 인간 의식은 결코 우리가 사는 실재를 초월하지 않는다는 것이다. 이 세계 안에 우리에게 필요한 설명을 위한 모든 것이 있음을 깨닫는다면 진실로 우리는 초월할 필요가 없다. 만약 철학자들이 경험에서 빌려와 이 세상 너머의 세계로 옮겨간 원리들로부터 세계를 끌어내고 드디어 만족한다고 선언한다면, 이 세계에 속하는 원리가 이 세계에 있어도 된다고 했을 때, 같은 수준의 만족을 얻을 수 있어야 한다. 세계를 초월하려는 모든 시도는 환상이며 이 세계 너머로 이식한 법칙들은 이 세계에 내재한 법칙보다 더 나은 설명을 해내지 못한다. 사고가 자신을 이해할 때, 그것은 전혀 그러한 초월성을 요구하지 않는데, 왜냐하면 세상에는 지각적 내용을 발견하지 못하는 사고-내용은 존재하지 않기 때문이며, 그것과 결합하여 진정한 사물을 형성할 수 있기 때문이다. 상상의 대상 역시 지각 내용에 연관되는 관념으로 전환되기 전까지는 아무런 유효성이 없다. 이 지각 내용을 통해 대상은 실재 안에 각자의 자리를 잡는다. 우리에게 주어진 세계를 넘어서야 한다는 내용의 개념은 어떤 현실도 대응하지 않는 추상이다. 사고는 오직 실재의 개념만 발견할 뿐, 실재 그 자체를 찾기 위해서는 지각도 필요하다. 우리가 (지각)내용을 발명해낸 절대적 존재란 사고가 그것 자체를 이해할 수 있다는 생각을 품을 수 없는 하나의 가설이다. 일원론은 관념 요소를 부정하지 않는다. 오히려 실로 관념적 대응 요소가 없는 하나의 지각 내용을 완전한 실재로서 인식하기를 거부하지만, 이 세계에 내재하지 않는 것은 사고 전반을 통틀어 찾지 못한다. 과학은 지각 묘사에 구속되어 그에 대응하는 관념적 보완으로 나아가지 못하므로 일원론의 한 조각에 불과하다. 그러나 일원론은 지각에서 그 대응물을 찾지 못하며, 전체 지각 세계를 아우르는 개념의 그물망에 놓일 자리가 없는 모든 추상적 개념들을 동일하게 미완의 파편으로 간주한다. 그러므로 일원론에는 우리 경험 너머에 형이상학적 내용을 만들어내는 대상에 대한 관념이 없다. 인간이 만들어낸 그러한 관념은 경험을 만든 이에 의해 간과된 경험에서 온 추상으로 간주한다.

일원론의 원리에 의하면 이 세상 너머에서 가져올 수 있는 우리 행위의 목적은 아주 적다. 우리가 그것을 사고할 수 있는 한, 그것은 인간의 직관에서 나온다. 인간은 객관적(초월적) 존재로부터 그 자신 개인의 목적을 취하지 않고 자신의 도덕적 상상력이 자신에게 제시한 것을 목적으로 삼고 추구한다. 행동으로 발현되는 그 관념은 주체에 의해 하나의 관념 세계에서 선택되고 그의 의지의 기초가 되었다. 인간의 행동은 이 세상 너머에서 이 세계로 밀어 넣은 명령이 아니며 이 세계에 있는 인간 직관이 실현된 것이다. 일원론에는 우리 밖에 서서 우리 행위의 목적과 방향을 정하는 이가 없다. 인간에게 존재의 초월적 근거는 없지만 자기 행위의 방향을 둘 목적을 배우는 데 돕는 조력자는 발견할지 모른다. 인간은 온전히 자신을 바라보고 의지해야 한다. 반드시 자기 행위의 내용을 스스로 부여해야 한다. 자기 의지의 동기를 자기가 사는 세계 밖에서 찾는 것은 헛되다. 만일 그가 대자연이 우리에게 준 자연적 본능의 충족을 조금이라도 넘어서려고 하면, 타인의 도덕적 상상력에 의해 자기가 결정되기를 더 편하게 여기지 않는 한, 반드시 그 자신만의 도덕적 상상력 안에서 동기를 찾아야 한다. 달리 말하면 그는 행동하기를 전적으로 멈추거나, 그렇지 않으면 그의 관념 세계에서 자신이 선택한, 아니면 같은 세계의 타인이 선택한 동기에 따라 행위해야 한다. 만약 그가 감각적 본능에 함몰돼 있고 다른 이의 명령만 따르던 삶 너머로 발전한다면, 그를 결정할 수 있는 것은 그 자신밖에 없다. 그는 자신에게 부과하는 동기에 의해서만 행동하게 되며 그 자신 외에는 무엇도 그를 결정할 수 없다. 이 동기가 관념의 단일세계에서 이상적으로 결정되는 것은 사실이지만, 실제로 그것은 그 세계의 대리인에 의해 선택되어 현실로 전환되어야 한다. 일원론은 하나의 관념이 인간의 행위를 통해 실현되는 근거를 오로지 인간 자신에서만 찾는다. 한 관념이 행동으로 이어지려면 그것이 일어나기 전 반드시 인간이 그것을 의지해야 한다. 따라서 그러한 의지는 오직 인간 자신 안에만 근거한다. 이 점에서 인간은 자기 행위의 궁극적 결정자다. 인간은 자유롭다.

자유의 철학

자유의 철학

1쇄 발행 2020년 8월 15일
2쇄 발행 2021년 9월 10일

지은이 루돌프 슈타이너
옮긴이 박규현, 황윤영
펴낸이 박규현
펴낸곳 도서출판 수신제
유통판매 황금사자(전화 070-7530-8222)
출판등록 2015년 1월 9일 제2015 - 000013호
주소 경기도 양평군 양서면 청계길 218
전화 070 - 7786 - 0890
팩스 0504 - 064 - 0890
이메일 pgyuhyun@gmail.com
ISBN 979-11-954653-4-7 03110
정가 20,000원